华为文化手册

华为公司三十年来
高速发展的关键法则

黄继伟◎著

中国友谊出版公司

图书在版编目（CIP）数据

华为文化手册 / 黄继伟著. — 北京 : 中国友谊出版公司，2020.2

ISBN 978-7-5057-4794-4

Ⅰ. ①华… Ⅱ. ①黄… Ⅲ. ①通信企业—企业文化—深圳—手册 Ⅳ. ① F632.765.3-62

中国版本图书馆 CIP 数据核字（2019）第 301189 号

书名 **华为文化手册**
作者 黄继伟
出版 中国友谊出版公司
发行 中国友谊出版公司
经销 新华书店
印刷 嘉业印刷（天津）有限公司
规格 787×1092 毫米 16 开
16.5 印张 200 千字
版次 2020 年 4 月第 1 版
印次 2020 年 4 月第 1 次印刷
书号 ISBN 978-7-5057-4794-4
定价 45.00 元
地址 北京市朝阳区西坝河南里 17 号楼
邮编 100028
电话 （010）64678009

目录

第一章　华为获得成功的秘密 001

华为比其他企业强在哪里 003

思想和文化管理是企业管理的核心 008

任正非是一个文化领航者 013

从《华为基本法》开始 018

华为企业文化走向世界 022

第二章　华为所具备的强大的精神内核 027

批判与反省，构建了华为最大的自省文化 029

好的企业需要保持静水潜流的发展状态 033

自信使得华为变得更加强大 038

独立自强，赢得更多的尊重 042

超强的耐力是华为公司发展的重要支持 048

乐观是华为保持强大抗压力的关键 052

将生活作为工作的强大后盾 056

第三章　无与伦比的团队合作文化 061

相互监督、相互信任的工作氛围 063

同甘共苦下的虚拟受限股 067

矩阵结构下的信息共享 071

把个人主义和英雄主义扼杀在摇篮中 075

不独占市场，打造一个更完整的发展生态链 080

保持开放，吸纳更多的合作者 086

保持诚信，寻找优质的合作伙伴 091

第四章　强化执行文化，才能让华为走得更远 095

创新文化是执行文化中非常重要的一部分 097

精益求精是赢得成功的关键 101

实践是检验真理的唯一标准 106

只专注于进攻一个城墙口 110

不在非战略的机会上消耗战略竞争力量 116

保持强大的使命感，主动采取行动 120

第五章　华为的危机文化与竞争文化 125

确保华为成长为一个具有新陈代谢功能的可持续发展企业 127

残酷的淘汰文化和危机文化 131

艰苦奋斗是成长必需的营养品 137

实现全方位布局，不轻易让出潜在的市场 142

廉洁务实，防止堡垒从内部被攻破 146
华为要成为最好的那一家公司 151
华为人是一群拥有狼性品格的奋斗者 155

第六章　华为的管理方式与内部的管理文化 159

打造一个强大的自由王国 161
锻造灰色的包容的文化特质和思维特质 165
均衡是一个最佳的协调方案 169
企业的发展应该是循序渐进的 174
敢于拥抱失败 178
理性思维与严谨的管理模式 182
坚决做好成本控制 186

第七章　真正的成长是从知识的获取开始的 191

从资本主义到知本主义 193
吸引人才，尊重人才 197
向伟大的对手学习 202
让最优秀的人培养更优秀的人 206
打造独特的华为式学习氛围 211
挖掘每一个员工的优势，加大培训力度 216
打好基础，让华为真正成长为技术型的企业 220

第八章　华为公司首先是一个市场服务机构 225

一切以客户为中心 227

让更多的决策回归到一线 232

华为的零缺陷文化与质量守则 236

了解并清晰地定位自己的市场位置 240

伟大的企业应该懂得"沿途下蛋" 244

后记：未来的华为将会有什么样的文化变革 248

前言

在谈到企业的发展困难时，企业通常强调的是缺乏战略、缺乏创新、缺乏技术、缺乏执行力、缺乏高效的管理、缺乏强大的品牌营销能力、缺乏有效的人才管控模式、缺乏合理的制度、缺乏明确的规划。这些问题也是多数企业遭遇困境的关键因素，但实际上，这些问题归根结底都和企业文化息息相关。如果一个企业缺乏合理的文化，一个企业不具备那种成功企业应该拥有的气质，就会丧失竞争力。

企业文化是企业中一整套共享的观念、价值观、信念和行为准则的总和，目的是为了帮助企业内部形成一种共同的行为模式，引导所有人为共同的目标而奋斗。企业文化往往具有一定的弹性，它不像绩效考核那样需要标准化和明确化，企业文化通常没有绝对的边界。但是作为一种无形资产，它的影响力非常大，在企业现代化建设中越来越受到重视。

在中国，虽然企业文化存在的时间比较短，但是打造优秀的企业文化，已经成了优秀公司和优秀企业家的一种共识。比如阿里巴巴创始人马云一直都认为企业文化是企业发展的DNA，决定了公司的性格和命运。万达集团董事长王健林也认为企业经营的最高层次是经营文化。到了信息时代，尤其是互联网时代及未来的人工智能时代，企业文化更加突出的作用就是确保每一个员工可以成为自己的主人，可以实现高品质、高层次的自我管理。用美国管理大师彼得·德鲁克的话来说，就是让企业中的每一个人成为企业的CEO。

任正非对于企业文化的重视程度丝毫不亚于其他人，在全球市场竞争日益激烈的大背景中，他和全体华为人更加深刻地意识到企业文化在促进企业发展方面的作用。任正非非常欣赏日本企业家稻盛和夫所说的一句话："在看不见的地方创造竞争力。"华为要做的就是在企业文化上提升自己的生存能力和竞争能力。

从某种意义上来说，虽然失败的企业失败的原因各有不同，但是对于那些成功企业来说，成功的原因大体都是相似的。无论是三星公司、苹果公司、甲骨文公司、微软公司、沃尔玛公司、Facebook公司、英特尔公司、阿里巴巴公司，还是华为公司，它们都有一个共同点，那就是拥有良好的企业文化。可以说企业文化是成功的最大武装。

否则，像华为这样一家从2.1万元资金起步、要人才没人才、要技术没技术、要背景没背景、要资金没资金的企业，是无论如何都难以在电信行业这个竞争最激烈的领域内生存并发展下去的。如果对华为公司的发展历程进行分析，就会发现华为的发展可以划分为四个阶段：第一个阶段是1987年—1997年，这一阶段的华为主要看重生存，“活下去”成了一个重要的口号。第二个阶段为1998年—2007年，这一阶段的华为遭遇了发展的危机，管理混乱，IT泡沫爆发，与思科展开了诉讼大战。不过1998年是一个重要的节点，在这一年华为顺利推出了《华为基本法》，这成了华为企业文化的雏形。第三阶段是2008年—2018年，这一阶段的华为依靠强大的实力成了全球通信设备领域的霸主，华为企业文化开始发挥重要作用，并成了华为公司发展的重要助力。第四阶段从2019年开始，这一阶段的华为再次遭遇了严峻的挑战，但华为进入5G商用元年，此时的华为已经变得越来越强大。

2019年7月1日，中化集团董事长宁高宁在世界经济论坛新领军者年会（夏季达沃斯）上表示，中国企业当前面临的最严重问题是转型升级，“这次中美贸易摩擦给了中国企业家历史上从没有过的最好教育和警醒。过去中国企业家心目中的英雄是地产商，现在变成任正非了，中国的企业家变得更加重视技术、有长远规划。”

《时代》将华为创始人任正非列入2019“全球最具影响力百大人物”榜单，《时代》东亚记者查理·坎贝尔在提名词中这样写道：“当任正非在1987年投资5600美元（也有说是3400美元）创建华为时，他并不是一位计算机奇才。然而，他的管理帮助华为成了全球最大的电信设备公司，2018年营收达到了1070亿美元，客户遍及170个国家和地区。除了尖端智能机，华为还是5G领域的先锋，这项革命性技术将推动第四次工业革命中无人车和智慧工厂的发展。”

在众多民营企业中，为什么成功的是华为？在众多民营企业家中，为什么成功的是任正非？答案一目了然，那就是企业文化的打造，可以说任正非最大的影响力在于给华为公司注入了一种独特的文化，使得华为可以区别于其他企业。在华为的心声社区中，有一个跟帖内容或许反映了所有华为人一直以来的想法：“光是物质激励，就是雇佣军。雇佣军作战，有时候比正规军厉害得多。但是，如果没有使命感、责任感，没有这种精神驱使，这样的能力是短暂的，只有正规军有使命感和责任感驱使他能长期作战。”华为想要成为正规军，想要成为全世界最具竞争力和战斗力的军队，就离不开企业文化的武装。企业文化使得全体华为人获得了一种隐形的力量，从某些方面来说，他们的奋斗意识、战斗欲望都是顶级的。

“极致的成功需要极致的个性，这样的成功以其他方面的牺牲为代价。极度的成功跟你认为的‘成功’是不一样的，你不必成为像理查德或者埃隆那样的人，也能过上富裕和优质的生活。你获得幸福的概率比成为伟大人物的概率更高。

“但如果你是一个极端的人物，你必须做你自己，幸福对你来说已经不是人生最重要的目标了。这些人常常是怪胎或者与社会格格不入，他们总是强迫自己以一种非同寻常的方式去体验这个世界。

“他们找到生存的策略，随着年龄的增长，他们想方设法把这些策略应用在其他事情当中，为自己创造出独特的、强有力的优势。他们的思维方式不同常人，他们总能以全新的角度看待事物，找到具有洞见的创意。但是，人们常常认为他们是疯子。”

这几段话出自埃隆·马斯克的前妻，她用这段话来评价偏执的埃隆·马斯克，而这段话也同样适合任正非，适合十几万偏执的华为人，或者说这就是华为企业文化的一种体现，是华为人精神特质的总结。

这也是本书需要重点描述的内容，书中从华为人的精神特质入手谈论了华为文化，还从合作、执行、危机感、管理、知识、市场开拓等多个方面进行了分析，全方位地展现了华为人的精神力量和价值观，对于读者来说，可以更加直观地了解华为的企业文化究竟是什么及这种文化究竟有什么样的作用。

第一章

华为获得成功的秘密

华为比其他企业强在哪里

在2018年和2019年，华为因为在5G领域表现出的强大实力，以及在西方国家的围剿中表现出来的强大底气，最终圈粉无数。这样一家只有32岁的企业，很快就成了全世界的网红企业。在国内，很多人都听说过华为，也知道华为是国内最具实力的民营企业，但是从来没有一个时间段会像今天这样，大家都将华为视为中国最出色的企业来看待，可以说华为已经成了如今中国最能给人带来自信和认同感的企业。

正如一些专业人士所提到的那样，在过去十几年时间里，房地产公司一度成了大家竞相追逐的对象，但是随着华为的发展壮大，大家的注意力逐渐地从房地产领域转移到制造业当中来。而这样的成就在过去的联想公司、海尔公司身上都出现过，但与华为相比，引起的轰动效应似乎还没有那么强烈。从某种意义上来说，华为的出现代表了中国发展的速度和高度，至少从目前来说，国内几乎没有什么企业可以像华为那样令人心生崇拜。

那么华为究竟比其他中国企业强在哪儿呢？是技术吗？华为每年投入的研发资金都是上百亿美元，在世界范围内也排名前五（在欧盟发布的《2018年欧盟工业研发投资排名》中，华为排名世界第五，在国内位于第一），而华为申请的专利也名列前茅，在国内企业中更是首屈一指，加上华为在5G领域内的强大影响力，技术指标的确是华为区别于国内其他企业的一个重要原因。但是不同企业之间的技术特点都是不一样的，很多优秀的企业虽然规模比不上华为，但是在专业领域内的技术优势更为明显，在这一点上华为可能也是无法比拟的。

那么是资金吗？华为每年创造的营收要比阿里巴巴、百度、腾讯这三个互联网巨头的总和还要高，可以说营收方面表现出来的能力非常强大。而且华为本身拥有大量的现金流，这是很多国内企业都不具备的优势。但是华为的营收能力并不是国内企业中最强的，可能连前五都排不进去。

有的人会认为华为拥有最完善的管理体系、最出色的执行力、最强大的创新能力，又或者说华为拥有最好的管理者和最出色的员工，但是所有的这一切都不能完全佐证华为的高度，其他公司也可能在这些方面占据优势。想要了解华为为什么强大，通过这些细节上的对比可能难以得出结论，如果将所有的要素总和进行考量，或许可以对华为有更多的了解。换句话来说，华为在技术、资金、管理、人才配置等各个方面上都表现得出色，而真正决定华为能够全方位保持强势的一个重要原因或许就是华为内部存在的动力引擎。

比如，许多企业非常注重效率，而华为越来越看重的是效能。虽然效率和效能之间存在某种联系，但是两者的概念是不一样的，效率体现的更多是速度，而效能侧重的则是方向。管理大师彼得·德鲁克曾在《卓有成效的管理者》一书中对效率和效能进行了深刻的分析，他认为“效率”是“以正确的方式做事”，即人们找到一个能够尽快实现目标的方法，但是所实现的目标是否合理常常就不在考虑范围之内；而“效能”则是“做正确的事”，人们在做事之前已经找准了一个正确的、合理的奋斗目标，然后向着这个目标前进。

效率和效能往往可以兼得，但是当二者之间只能二选一的时候，效能往往要占据更重要的位置，毕竟只有先把握好方向，然后才能真正做出有价值的事情。而单纯地追求效率，很有可能会导致越来越偏离正确的目标。按照麦肯锡资深咨询顾问奥姆威尔·格林绍的说法，那就是：“我们不一定知道正确的道路是什么，但不要在错误的道路上走得太远。”

华为在高速扩张时期，也曾片面追求速度和效率，忽略了对效能的把握，即对公司究竟需要实现什么样的目标及应该选择走什么样的道路失去了方向，而这些都是需要在战略层面先确定下来的。只有把握住了效能，才能更加放心地谈论效率，若反其道而行，则很有可能会误入歧途。比如，在很长一段时间内，华为痴迷于研究新技术，因为所有人都会强调科技就是生产力，就是提升工作效率的保障。但事实上，无论是IBM还是朗讯公司都曾因片面追求研发新技术，而忽略了市场的现实应用，以致造成了严重的浪费，并因为新技术与市场脱节而导致它们逐渐被市场淘汰。任正非要求华为尽量避免出现这类情况，因此华为及时改变了这一策略，将市场和客户作为技术发展的引导，从而把握了发展的方向。

同样，国内有很多企业过分强调营收，过分追求提升账本数字，于是开始选择走捷径，比如进入房地产、股市、互联网产业。这些产业的确在一定程度上带来了利润的攀升，但是很多企业由此失去了最初的发展目标。而华为多年来始终坚持在通信设备制造领域深耕细作，虽然一开始积累资金很困难，但是在坚持不懈的努力下，华为还是迅速壮大起来。

很明显，效率和效能两者并不是相等的，效能通常是从战略角度考虑的概念，而效率则是从战术层面考虑的概念。有些公司即便拥有强大的技术和充足的资金，即便拥有非常好的点子，但最终还是无法坚持到最后，因为它们缺乏战略上的深层考量，一切都是依据战术层面的需求来制定发展规划，而这种企业的发展模式往往是肤浅而脆弱的。

一个优秀的企业在战略层面上的部署可以超过30年时间，甚至超过100年时间。这种坚持非常困难，不仅仅需要高瞻远瞩的管理者和谋划者，但因管理者和谋划者最终会老去，公司也会出现人才断层，真正确保整个公司能够为战略目标而奋斗，并且能够按照一种相对稳定的模式发展下去，公司还需要一个强大的动力引擎，而这个动力引擎就是企业文化。企业文化就是企业发展所需的各种要素的黏合剂，它可以将技术、创新、资金、管理、执行、人才、资源等所有的发展要素更合理地整合在一起，这才是华为真正强大的地方，也是所有顶级企业真正强大的地方。

思想和文化管理是企业管理的核心

美国兰德公司、麦肯锡公司等国际著名研究机构经过调查和研究得出了一个结论，那就是世界500强公司之所以比其他公司强大，主要在于它们能够打造出强大的企业文化，并且会不断给企业文化注入活力。这些公司的企业文化通常都包含了四个要点：团队协作精神、以客户为中心、重视人才、鼓励与创新。

当然，企业文化的形式多种多样，不同企业之间的企业文化也是不同的。但是总的来说，企业文化是企业成员在相互作用的过程中形成的，它的本质就是一整套为大多数成员或者所有成员所认同的价值体系，其中包含了共同意识、价值观念、行为规范、道德准则、行为准则等内容。也有人认为企业文化就是一种以文明方式取胜的群体竞争意识，是企业发展的重要保障。

对于企业文化的重视，并不是所有管理者都具备的意识，但是一个顶级企业家、一个顶级企业，是需要借助企业文化来实现飞跃的。任正非说：“人类所占有的物质资源是有限的，总有一天石油、煤炭、森林、铁矿……会开采光，而唯有知识会越来越多。中国是一个资源贫乏的国家，而又人口众多，人均占有资源在世界上最少，当然她的出路党中央已提出‘科教兴国’，以此提高全民族的素质和基础，同时强调要深化管理，使知识产生价值，以创造民族的财富。以色列这个国家是我们学习的榜样，它说它什么都没有，只有一个脑袋。一个离散了20个世纪的犹太民族，在重返家园后，他们在资源严重匮乏、严重缺水的荒漠上创造了令人难以置信的奇迹。他们的资源就是有聪明的脑袋，他们是靠精神和文化的力量，创造了世界奇迹。”

华为一直都是国内最具特点的企业，尤其是对于一家制造业公司来说，它对企业文化的重视更显得难能可贵。如果对20世纪80年代和90年代兴起的一大批制造公司进行分析，就会发现它们除了有一些比较明显的时代烙印和企业经营特点（集权、粗放、注重技术而不注重管理）之外，最显著的特点就是这些公司大都不注重打造企业文化，或者说企业管理者也许并不觉得企业文化会给公司发展带来什么帮助。更多时候，管理者会关注一些具体的发展要素及行为，并不在意类似于价值观和思维方面的事情。他们更加看重那些表面上可以感知到的东西，会忽略潜在的、不可感知的东西。但事实上，那些不可感知的价值观和思维往往更有价值，也更为重要。

也正是因为忽视企业文化，那个年代发展起来的企业在经历了时代红利及高速发展之后，大都出现了一些经营管理上的问题，很多企业陷入困境，有的企业干脆进行战略转型或者直接改变行业属性，还有一些企业因细节问题直接被时代淘汰，究其原因，有很大一部分就在于随着竞争的日益激烈，一些更为核心的东西变得越来越重要，企业文化就是其中最重要的一项。

相比于同一时代的其他同行，华为一开始并不占据任何优势，它最大的魅力也不仅仅在于疯狂的投入精神，而在于对企业文化的重视，或者说是一种觉悟。在发展的过程中，当华为渐渐发现一些经营和管理问题变得越来越严重时，它便开始有针对性地做出调整，而打造一个更加健康的企业文化就成了变革的重点。要知道这种变革实际上正是一种经营思想的转变，华为人不再像过去那样盲目扩张，不再专注于挣了多少钱，占领了多少市场，而开始思考那些支撑企业走得更远、走得更加安稳的要素。接下来从任正非开始，然后整个华为公司，所有人都开始接受这样一个理念："思想和文化管理是企业管理的核心。"简单来说，打造企业文化已经成了华为最重要的一项工程。

实际上早在华为发展初期，任正非就带领华为的核心团队四处"求经"，当时美国、西欧是首选地，因为这些地方的科技水平最高，管理水平最先进。除此之外，任正非还特意去了日本。日本是最早重视企业文化的国家，这个国家的一些优秀企业都拥有完善的体系和出色的企业文化，这也是支撑它们发展和强大的最重要的DNA。相比于美国企业重视管理体系和创新，日本企业在企业文化的打造方面拥有绝对的优势，这也是日本企业走向世界的关键，甚至连美国公司也开始效仿日本。如果对日本的企业进行分析就会发现，日本拥有最完善的企业文化，它们的百年企业也是世界上最多的。

有一篇资料曾给出这样一组数据对比："中国中小企业的平均寿命仅有2.5年，而中国集团企业的寿命也不过7~8年，而欧美企业的平均寿命为40年，日本企业的平均寿命更是达到了58年，所以欧美和日本等国会存在很多百年企业。

"在2015年年底，东京商工研究机构进行了调查，发现日本超过150年历史的企业竟达21666家之多，而在2016年将又有4850家将满150岁，2019年会有7568家满150岁。相比之下，中国超过150年历史的老字号企业，只有六必居、张小泉、陈李济、同仁堂、王老吉这5家。"

很显然，因为企业文化的存在，使得整个企业更容易保持基业长青的状态，而类似于技术上的提升并不能保证企业在今后的30年、50年甚至是100年内保持领先。

在日本考察的那一段时间，任正非对于企业文化的认知更为明确，也坚定了要打造华为企业文化的决心。他认为华为要想像日本公司那样历经挫折之后仍旧可以生存下去，就需要打造强大的企业文化，需要将思想和文化当成企业管理的核心。

很多科学家专门对蜜蜂的生活方式和蜂群的运作方式进行分析，他们发现任何一个蜂群中，必定存在一只蜂王，作为蜂群的核心，所有蜜蜂都在围着蜂王转动。但是作为蜂群的引领者，蜂王从不下达任何指令，而且蜜蜂也不是按照蜂王的指令分工和行动的。

简单来说，蜂群的所有分工都是自发出现的，所有的蜜蜂都在以一种约定俗成的方式行动。

作家凯文·凯利在研究之后，认为蜂群中似乎存在一只看不见的手在掌控一切，引导所有的蜜蜂井然有序地采取应有的行动。那么这只看不见的手是什么呢？就是蜂群内部的行动机制，也是共同的目标。在企业发展的过程中，也存在这样一只无形的手，这只手并不是企业领导人控制的，而是企业文化的一种表现方式。因此，只有把握住企业文化，企业的发展才会更加有序高效。

任正非是一个文化领航者

如果说华为的发展建立在企业文化的基础上，那么任正非就是整个企业文化的基石，也是华为企业文化的领头羊。可以说正是因为任正非的指引，整个华为才能够建立起完善的文化体系；或者说正是因为任正非的存在，才使得华为人都能够更好地理解并吸收企业文化，并在工作中践行和传递这些文化。

如果对华为的运作方式和管理方式进行分析，就会发现任正非通常都不会参与和干预太多的工作。他不用直接告诉员工应该怎样去做，不用时时刻刻监督员工是否按照规定完成任务，在企业文化的作用下，一切都会自发出现、自发完成。但这并不意味着任正非没有起到一个引导作用，如果对华为企业文化的方方面面进行分析，就会发现它们或多或少都存在任正非的影子。

比如，在谈到华为内部的奋斗文化时，有一点很重要，那就是任正非出身贫寒，他对于少年时代的贫苦生活和中年时代的艰辛创业印象深刻，因此艰苦奋斗的文化和狼性文化一直都是他血液中、基因中的一部分，他也将这种文化传递给每一个华为人。任正非曾经明确要求人力资源部门多招聘一些不发达地区的学生，一些出身贫寒的优秀人才要择优录用。之所以会制定这样奇怪的规定，就在于他一直都认为那些家庭条件艰苦的学生对于改变现状的要求更为强烈，这就是任正非一直强调的“饥饿感”和“企图心”。只有每一个华为人对工资、奖金、福利都充满了强烈的渴望，对于晋级和成功都充满了“饥饿感”，企业才能迸发出更为强大的能量。

作为奋斗文化的发起者和领航人，任正非一直都身先士卒，不仅督促公司建立了一个健全的文化体系，而且还非常自律地为华为人树立了一个好的榜样。就像他自己所说的那样，工作多年来，他一直都在努力奋斗，以至于弄得浑身是病，但即便如此，他也没有放弃对人生理想和创业目标的追求。

除了践行艰苦奋斗的文化，在其他方面，任正非也一直努力做好榜样，他一直都在积极推动一场自上而下的文化变革和推广运动。比如，在强调一切以客户为中心的文化时，任正非带头接见客户，即便对方是一个小客户，他也会花费时间和对方见面；即便是客户的一个小要求，他也会想办法满足对方。

在强调危机文化时，任正非先后发表了多篇文章给华为定下一个“危机感”十足的基调。无论是强调华为还没有真正遭遇危机，还是强调华为只是一个发展中的公司（没有获得成功），又或者强调华为在运作中存在的很多问题，其本质都是在告诫每一个华为人："我们做得还远远不够，华为的成长还远远不够。"按照任正非的说法，通信行业本身就是一个竞争最激烈、生存难度最大的行业，有很多伟大的公司都在这一领域崛起，又在这一领域突然陨灭，华为应该以此为戒，避免丧失危机感。

在谈到内部的职能分配和权力分配时，很多人都说华为是任正非的华为，尽管任正非一直都在反驳这一点，而且也在积极淡化自己在整个华为中的形象和作用，但是恐怕华为人都知道华为与任正非是密不可分的，就像苹果公司和乔布斯的关系一样。任正非就是整个华为的代表，也是华为的图腾，而这个图腾就是一个文化符号。显而易见，任正非引领了华为的企业文化，或者说就是华为文化中最强大的一个烙印。尽管有很多文化建设都是底下的人完成的，但是最本质的基因都是任正非赋予的。若对华为进行深入分析，会发现无论从哪一个方面和角度来看，都可以看到任正非的影子，都可以意识到这一切都源于任正非。

正如同任正非所说的那样，自己不懂技术，也不懂财务，也没有强大的管理才能，只是将所有人凝聚在了一起，而这种凝聚才能就体现为对企业文化的打造和引领。可以说，正是因为任正非出色地承担了一个文化领航者的角色，才使得华为人能够心甘情愿地跟着他打天下，也才使得整个华为可以在文化的熏陶和影响下走向世界。

不过，为什么领航者会是任正非，而不是其他什么人呢？难道仅仅是因为他是创始人和背后的掌控者吗？答案显然不是这样，这里还关系着个人的魅力。著名的管理学家吉姆·柯林斯写过一本书叫《从优秀到卓越》。在书中，他提出了一个概念——第五级领导者，它主要是指那些具有谦逊特质和职业意志力的领导者。柯林斯认为第五级领导存在一些性格上的共性：沉默内敛、低调藏拙，为人内向谦逊，但是具备强大的抗压能力和强大的专注力。

这是最初的分析，在那之后的几年时间里，柯林斯继续分析和研究世界上的优秀管理者，他意识到自己的观察和总结出现了一些问题，于是对自己的理念进行了改进和完善。他认为第五级领导者不一定都是害羞和内向的，也并不都是表现得内向而缺乏领袖魅力，但是坚毅的品格和谨慎的态度是一个突出的共同点。

柯林斯认真做了分析，认为第五级领导者往往具备以下一些特点：理性而谦虚，不会在成功和赞美面前自我迷失；具备强大的抗压力，也有耐心和恒心，能够忍受各种挫折；保持低调勤奋的工作作风，不喜欢邀功和抢功；计划时雄心勃勃但决策时总是保持冷静；既有宏观的战略规划能力，也善于把握细节；在面对一些重大问题时，他们从来不盲目自信，并不觉得自己一定能够解决所有问题。

这些品格在任正非身上都得到了印证，任正非身上具备了谦虚和低调的品质，但是他同样会表现出自信乐观的一面，而且他坚忍不拔的品格几乎影响了所有的华为人。他对于未来的谨慎态度和危机意识同样成了一个领袖的魅力来源，它们使得任正非看上去更加稳重，也更有担当。也许恰恰是因为任正非身上所表现出来的良好品质，才使得华为人能够更好地接受华为企业文化的熏陶。

丽思卡尔顿酒店的前总裁霍斯特·舒尔说过：“领导就是创造一种氛围，在这样的氛围里，组织里的人都想成为组织的一部分，而不仅仅是为这个组织效力。人们有成就感，而且有目标感。我必须确定目标，而不只是工作。如果你看到员工只是在履行职责，你就会把他们当成一个东西来看待。我们发现员工最感到满足的事情是感觉自己是组织的一部分，感觉到上司的信任，从而参与决策并贡献才智。每个人在他们特定的领域都是知识工人。”

华为要给予员工的就是这样一种工作氛围，任正非所坚持的就是打造这样一种企业文化，让所有人都能享受工作带来的乐趣，也都能感受到自己值得为企业付出。任正非是这样想的，也是这样做的，他一直都在努力让华为成为一个有追求、有温度、有归属感的企业。

从《华为基本法》开始

从20世纪90年代中期开始，华为进入了一段高速发展期。这一阶段的华为发展迅速，营收、市场规模都以惊人的速度在增长和扩大，但是这种高速扩张的状态带来了一系列的问题，尤其是管理上的混乱和失调更是阻碍了华为的进一步发展。任正非试图运用一些技术性操作来解决这些问题，并且想办法解除这些阻碍，但效果并不好。更为严峻的问题是，华为之后的发展将会受到严重的影响，甚至会因为失控而走向毁灭。

那么华为该如何确保自己能走上一条更加合理、更加健康的可持续发展道路呢？为了弄清楚发展的动力及发展的模式，任正非在华为内部开展了一场以“华为兴亡，我的责任”为主题的管理大讨论，大家各抒己见，将自己看到的、想到的问题全部摊开来说。面对众多管理方面的问题，毫无经验的任正非并不知道该如何带领员工一同解决，于是就特意邀请了一批大学教授来公司进行管理咨询。

最初大家制定的课题是建立营销体系，但是随着互动范围的展开，人力资源管理、生产管理也渐渐成为讨论的话题，之后大家又将话题延伸到企业文化上。在那个年代，企业文化的建设在整个国内市场几乎都是一个空白，各个企业都不清楚什么是企业文化，也不了解企业文化对于企业的成长有什么帮助。但任正非意识到这是一个非常关键的概念，于是大家开始讨论建立华为企业文化的可能性。

关于这一点，《基业长青》的作者柯林斯曾经谈到了一件事，那就是那些高瞻远瞩型的企业，往往都拥有教派般的企业文化，企业家善于打造一个完整的企业文化来构筑起一种精神信仰，提升员工的凝聚力和忠诚度。很显然，华为也是一家高瞻远瞩型的企业，任正非认为只有打造一整套完整的文化体系，才能确保华为当前的问题得到更好的解决。

当时华为高层在自我分析之后，得出了这样的结论：缺乏内部的文化传递系统，缺乏持续的理念依据，缺乏对战略与核心竞争力的思考，缺乏文化的牵引与约束，缺乏更高的精神追求，缺乏良好的文化继承与创新机制，也缺乏统一的文化基因。确定好方向之后，华为立即组织一个项目小组制定了一个管理大纲——《华为基本法》，而这个管理大纲就是华为企业文化的雏形。华为人从1995年开始谋划《华为基本法》，数易其稿，直到1998年3月才正式审核通过。

从某种意义上来说，《华为基本法》就是华为企业文化的基础。在这个管理大纲建立之后，华为在管理上、营销上都获得了巨大的进步。任正非曾经感慨道："华为走过的十年是曲折崎岖的十年，教训多于经验，在失败中探寻到前进的微光，不屈不挠地、艰难困苦地走过了第一次创业的历史阶段。这些宝贵的失败教训与不可以完全放大的经验，都是第二次创业宝贵的精神食粮。当我们第二次创业，走向规模化经营的时候，面对的是国际强手，他们又有许多十分宝贵的经营思想与理论，可以供我们学习参考。如何将我们十年宝贵而痛苦的积累与探索，在吸收业界最佳的思想与方法后，再提升一步，成为指导我们前进的理论，以避免陷入经验主义，这是我们制定'公司基本法'的基本立场。"

正因为如此，《华为基本法》包含了价值观念、基本目标、公司的成长、价值的分配、经营的重心、研究与开发、市场营销、生产方式、基本原则、组织结构、高层管理组织、管理准则、义务和权利、控制方针、保证体系、预算控制、成本控制、业务流程、项目管理、审计制度、事业部控制、危机管理、修订法等内容，可以说几乎涵盖了华为管理的各个方面。华为要做的就是确保所有的环节都被考虑到，所有的流程都可以纳入管理当中，并以企业文化的形式影响每一个人的行动。

《华为基本法》的出现改变了华为对技术的过分重视及对企业管理的忽视，在整个行业内也起到了一个"改革引领者"的作用。它可以称得上是中国第一部总结企业战略、价值观和经营管理原则的“宪法”，不仅仅是对华为，对于整个中国民营企业，乃至所有的中国企业都有重要的意义。

而对于华为来说，在制定《华为基本法》之后，公司对自身的发展进行了一次更为彻底的梳理，发现并认清了发展过程中存在的问题，同时找到了改变的方法。从此，华为开始运用科学管理的方式来取代过去的人性管理模式。不仅如此，华为以此为基础不断丰富和改良自己的企业文化，并最终形成了具有华为特色的文化体系。

华为企业文化走向世界

在谈到一家强大的跨国公司的时候，通常人们会谈到技术输出、利益共享，还有一点就是文化输出和价值观输出，这些在过去几十年已经被证明了是全球化过程中不可或缺的一部分。显而易见，在华为不断发展和扩张的过程中，也免不了会传播自己的文化。那么华为的文化究竟会对其他国家和市场产生什么样的影响呢？

严格来说，华为的企业文化或者说中国企业文化在一定程度上和西方的有很大不同，尽管华为也曾向西方国家学习，并且重点学习了日本重视企业文化的管理模式，但是在具体实施的过程中，华为的企业文化还是具有一些本土的特征。正因为如此，华为的全球化扩张之路与西方国家是不同的，双方对于全球化模式的理解并不一样。

西方企业在扩张时，往往会强调民主文化的传播。如果其他国家尤其是发展中国家想要在全球化中获得发展，那么就需要满足一些先决条件，比如接受民主观念的洗礼，并在很多方面西化。与西方企业的民主观念相比，华为更加强调发展实用主义，华为从来不会干涉其他国家和地区的文化状态，不会要求其他国家被迫接受什么条件，不会想办法去强制要求对方做出什么改变，利益上的共享成了最好的影响力。如今这种实用主义正在获得更大的市场影响力，也正在改变过去的那种扩张模式。与之相对应的是，华为的一些企业文化也在实用主义的影响下不断传播开来。

西方企业经常谈论绝对的民主，但事实上，真理往往掌握在少数人手中，如果让每一个人都参与那些至关重要的决策，那么整个企业的办事效率就会被摧毁，所以为了正常的运转，民主最后由于制造混乱而成为一句空话。如果对那些伟大的西方企业进行分析，就会发现民主观念在整个管理中并不经常被提起。无论是Facebook的扎克伯格、甲骨文公司的拉里·埃里森、微软创始人比尔·盖茨、英特尔创始人之一安迪·格鲁夫、超级梦想家埃隆·马斯克，还是苹果公司的创始人乔布斯及亚马逊的创始人贝索斯，他们都无一例外地展示出了独裁者的本性。在很多时候，他们的话就是权威，能决定团队的走向，而任何人都没有能力去影响这些走向。

如果每一个企业家都讲究民主，那么企业是难以发展壮大的，更不可能在全球化扩张的道路上越走越远。在最核心的权力上永远都应该是内向的、集合的。看看苹果公司在赶走乔布斯的那几年，就知道整个公司差点因为民主而走向破产，正是由于乔布斯的铁腕和独裁，才使得这家公司一跃成为全球最具竞争力的企业。在全球化方面，也是如此。如果西方企业始终坚持民主观念的灌输，那么更容易因为文化上的隔阂而导致市场脱节。已经有越来越多的发展中国家市场在反映这样的问题了，它们无法忍受西方企业在一些虚伪民主观念上对自己指手画脚了。

华为并不存在这样的问题，入乡随俗是他们做得最好的一件事。无论是进入欧洲、美洲，还是进入非洲，华为的文化都不会和这些市场上的客户产生冲突，里面不含有任何意识形态的成分及过分的民主要求，更没有那种颐指气使、居高临下的优越感。华为文化中强调合作，“伙伴”或者“利益共同体”的概念令人印象深刻，也非常容易被不同类型的客户接受。

比如，最明显的就是奋斗文化。在谈到华为的发展时，任正非曾经以自嘲的方式回顾了自己当初的选择：“华为茫然中选择了通信领域是不幸的。这种不幸在于，所有行业中实业是最难做的，而所有实业中，电子信息产业是最艰险的；这种不幸还在于，面对这样的挑战，华为既没有背景可以依靠，也不拥有任何资源。因此，华为人尤其是其领导者将注定要为此操劳终生，要比他人付出更多的汗水和泪水。”成为狼群已经是发展的一种必然，而这一点在发展中国家往往很容易引起共鸣，由于自身实力的弱小，发展中国家更容易受到华为狼性文化的影响。

不仅仅是发展中国家，就连欧美国家也开始对华为的经营模式产生了兴趣，尤其是当欧债危机不断地爆发，欧洲经济体开始停滞不前，越来越多的欧洲国家被高福利的社会机制压得喘不过气时，人们普遍认为他们过得太安逸了，有很多国家甚至推行了半天工作制，而这样的工作时间及工作质量显然不能让经济度过危机。很多客户和竞争对手都非常欣赏华为的奋斗文化，他们认为这种文化理念虽然看上去有些粗糙，但是一种最好的激发动力的方法。

一些竞争对手开始意识到了华为强大的竞争力，它们将华为人比作狼群："他们的营销能力很难被超越。人们刚开始会觉得华为人的素质很高，但对手们换了一批素质同样很高的人，发现还是很难战胜。最后大家明白过来，与他们过招的，远不止是前沿阵地上的几个冲锋队员，这些人的背后有一个强大的后援团队，他们有的负责技术方案设计，有的负责外围关系拓展，有的甚至已经打入竞争对手内部，一旦前方需要，马上就会有人来支援。"

2003年的一次记者招待会上，有记者问世界通信巨头思科公司的总裁钱伯斯怎么看待华为这家公司。这位通信大佬神情严肃，顿了顿说道："在今后几年里，思科将只有一个竞争对手，它就是华为。"要知道，思科此前一年正好被《财富》杂志选为2002年度最佳公司第一名；更加了不起的是，从1990年起，思科已成功击败了三个时代的竞争对手，其他竞争对手大都销声匿迹，或者濒临崩溃。钱伯斯能够给予华为这样高的评价，足以证明他对华为的恐惧，或者说对华为狼性文化的恐惧。从某种程度上来说，钱伯斯非常羡慕华为的奋斗文化和合作体制。事实也证明了他的担忧，在之后的十几年时间里，华为顺利地成了通信设备领域内的第一。

很多欧洲的管理者都渐渐将目光从华为产品的性价比上，转移到对华为企业文化的认同上，他们都认为华为是一家了不起的企业，注定会成为通信市场上最出色的引导者。日本职场也是以奋斗和加班出名的，但是在见识到华为的工作态度之后，他们佩服得五体投地，认为华为人的专注度和奉献精神比其他企业要高出一个档次。尤其是当海啸事件发生之后，华为人仍旧坚持在原岗位上工作，没有像其他外企公司一样撤离，这样的企业文化让人心生敬佩。

很显然，当华为走向世界的时候，华为文化也受到越来越多人的追捧，而这本身就形成了华为对外扩张的一个品牌符号。

第二章

华为所具备的强大的精神内核

财务部的负责人就是孟晚舟，任正非如此不顾情面地批评女儿，展示出了铁血、无私的一面。

不仅仅是任正非，其他任何一个华为人都可以对内部一些不好的现象提出批评，可以对同事、上级或者下属的不当行为进行批判。比如在华为的心声社区中，任何一个人都可以在上面留言，谈论自己的观点和看法，同时对不好的行为进行批判。有些员工不仅批评同事，也会批判上司，或者直接对公司高层提出质疑。而公司规定任何人都不准对批评者进行打击报复，任何人都不得以任何理由剥夺他人在社区上进行留言的权利。在过去发生了一些高层干部压制批评者的行为，公司了解情况后直接对干预者进行严惩，维护了良好的沟通秩序和氛围。

此外，公司经常会举办一些“反幼稚”的活动，那些在研发工作中犯错的员工往往会主动登台领奖，奖品就是自己制造的失败的产品。这个活动的目的并不是让失败者难堪，而是让他们认真接受批评，认真反省自己在工作中犯下的低级错误，力争在接下来的工作中避免继续犯错。

在整个华为的纠错体系中，不仅仅是批判，所有华为人还要时刻反省自己的工作，需要对自己的工作进行深入的了解。在这里，任正非重点强调了对流程进行复盘，“任何一个合同、任何一个交付，一定要复盘。只有复盘我们才知道这件事哪些做错了，哪些做对了”。按照要求，任何一个华为人都需要想办法对自己的工作进行复盘，按照工作流程和环节进行回忆和推演，找出其中不足的地方，尤其是在一些重要环节方面，就更要进行复盘。

其实，“复盘”是一个心理学名词，所谓复盘是指人们对自己过去所做的事情在头脑中重新“过”一遍，对自己过去的思维模式和行为模式进行仔细的回顾，然后找出那些不好的行为及出现了问题的行为，并且要花费时间进行反思和探究，逐步找到自我改进和完善的有效方法。

许多人会认为复盘就是简单地对过去的事情进行复制和重演，就是对过去经历的事情进行一次总结，但实际上复盘的核心环节在于推演，即对事情发展过程中的环节及各个环节中个人的表现进行各种可能性的分析，从而找出各种不同的可能出现的事物发展方向及相应的结果。这种方法是一种非常有效的纠错形式，可以高效地找出错误所在。

通过建立批评与反省的文化，华为人往往可以更好地纠错，更好地处理自己在工作中遇到的问题和困难，而这有助于华为变成一个更好、更具竞争力的团队。

好的企业需要保持静水潜流的发展状态

在国内所有知名的企业家当中，任正非是一个非常低调的人，与马云、王健林、王石，甚至是与宗庆后相比，任正非的曝光率都更低一些。有很多人都认为任正非不善于同媒体打交道，对此，他并不否认，而是大方地承认：“（很少接受媒体采访）我主要是比较害羞，不敢出席大会，不善于接受媒体采访，可能镜头一对准我，我就傻了。我不善于系统性地表达，点对点地提问、回答可能还比较擅长。”

“我为什么不见媒体，因为我有自知之明。见媒体说什么？说好恐怕言过其实；说不好别人又不相信，甚至还认为虚伪，只好不见。因此，我才耐得住寂寞，甘于平淡。我知道自己的缺点并不比优点少，并不是所谓的刻意低调……”

“媒体记者总喜欢将成绩扣到企业老总一个人头上，不然不生动，以虚拟的方法塑造一个虚化的人。我不认为自己像外界传说的那样有影响力，但是很敬业、无私、能团结人。这些年华为有一点成绩，是在全体员工的团结努力，以及在核心管理团队的集体领导下取得的。只是整个管理团队也很谦虚，于是就把一些荣誉虚拟地加到了我的头上，其实难副。”

随着华为不断获得成功，知名度和曝光率不断上升，很多人都喜欢拿华为的成功说事，一些员工也经常在网络上散发一些关于华为的信息，很多媒体也想尽办法挖掘华为公司的内部信息，希望可以了解更多有关华为的内容。但是任正非始终觉得一个企业家还是应该以自己的管理工作为重，不能过多地接触媒体，而华为人也要沉下心来做事，不要受到外界信息的干扰，也不要过分去宣传和炫耀什么。

2018年，党中央和国务院对改革开放40年来的100位改革先锋进行表彰，当时深圳市委、市政府提名了任正非，可是任正非直接拒绝，特地央求深圳市委、市政府取消自己的提名。他当时是这样解释的：“第一，我想集中精力搞搞华为。华为已经够复杂了，因为你们没有机会到我们海外一些研究中心区看一看，这些科学家在这么细的地方还有数千项专利，在研究这些细节，所以有很多细节才能组成这个宏观的，这些东西都是要有规划的。我觉得我的精力要放在自己内部的方面上，如果参加社会活动就要消耗精力。第二，你叫我开会坐在这个板凳上两个小时我坐不住，我溜号，不光彩。”

早在多年以前，任正非就特意在内部会议上强调了这一点："对待媒体的态度，希望全体员工都要低调，因为我们不是上市公司，所以我们不需要公示社会。我们主要是对政府负责任，对企业的有效运行负责任。对政府的责任就是遵纪守法，我们去年交给国家的增值税、所得税是18个亿，关税是9个亿，加起来一共是27个亿。估计我们今年在税收方面可能再增加百分之七八十，可能要给国家交到40多个亿。我们已经对社会负责了。媒体有自己的运作规律，我们不要去参与，我们有的员工到网上辩论，是帮公司的倒忙。"

在任正非看来，过高的曝光率对华为而言并不是一件好事，因为华为人可能会承受更多来自外界的压力，也可能会受到更多外在信息的干扰，这样会影响自己的奋斗状态。所以多年来，任正非更加希望华为人以一种沉淀的心态来面对自己的工作，以更加稳重的态度来处理工作事务，毕竟做事业还是应该拿出平心静气的状态，还是应该想办法保持专注。不仅如此，所有华为人还要尽可能地低调行事，让自己保持一个谦虚的状态。虽然华为应当拿出自信，制定更为高远的目标，但自信并不意味着就要高调地告诉所有人自己准备怎么样。

用任正非的原话来说，就是"我们要的是成功，不是口号。有人说华为公司运行得平平静静，没什么新闻，是不是没戏了。我们说这叫'静水潜流'。表面很平静的水流，下面的水可能很深很急。倒是那些很浅的水在石头上流过去的时候才会泛起浪花"。在他的心里，也许让华为在一个更加平稳的状态中发展下去才是最重要的。

有位记者曾经提出了这样一个问题："许多硅谷的企业家都在谈论如何改变世界，都在强调一些世界级别的大梦想，但是任正非总是强调公司要活下去，即便是华为已经成了通信设备领域的第一，仍旧在反复强调这句话。任正非是否过于谦虚了？要么就是硅谷的其他企业家过于夸大了。"

对此任正非并没有强调谁对谁错，他认为如果自己倒退几十年，回到25岁的状态，那么一样会表现得夸张而狂妄，一样会对未来有一个惊天动地的大规划，对自己的事业也会充满极大的期待。类似于英特尔那种在餐巾纸上画出一个模型就开一个大公司的情形的确适合年轻人，而硅谷的创业文化本身也符合年轻人的那种热情和冲劲，但是任正非觉得自己年纪大了，遭受的挫折也多了，在谈论未来的发展时，会显得更加理性和谨慎，而企业在发展的过程中也需要保持理性，不能过于夸大事实。企业家依旧可以提出很有气势的口号，一样可以追求行业第一，可以制定非同一般的大目标，但是在奋斗的过程中一定要保持静水潜流的状态，不要因为想要成为狮子，就一直装出狮子的气势，在成为狮子之前不妨学会当一只躲躲藏藏的兔子。

任正非要求所有的华为人在工作中保持低调的本色，因为华为没有获得真正意义上的成功（任正非认为只有像日本企业那样经历九死一生，华为才算是成功），因此所有的华为人都不能懈怠。在现实生活中，华为的员工普遍都表现得比较低调。比如，在华为第一次入选世界500强时，一位高管走进会议室向大家宣布了这个消息：“告诉大家一个坏消息，公司进入世界500强了。”这样的措辞方式让人感到惊讶，而更令人吃惊的是，整个会议室里没有欢呼声，没有掌声，也没有人站出来说要买香槟庆祝一下，大家听完之后继续埋头整理会议文件，然后所有人像往常一样工作。

这种强大的定力和觉悟，这种低调的状态，毫无疑问成了华为在短短30年时间内迅速崛起的重要原因。也正是因为所有华为人都懂得静水潜流的道理，才可以静下心来工作，推着华为跨上一个又一个台阶。

自信使得华为变得更加强大

任正非在接受加拿大《环球邮报》的采访时，曾经谈到了美国断供芯片的问题，任正非非常霸气地做出了回应："所有核心的尖端芯片，我们都没有问题，都可以完全自己供给，保持产品的高度领先。"按照任正非的说法，当外界都在猜测华为是否会因为芯片断供而遭受严重的打压和损失时，自己反而不担心芯片问题，因为华为的芯片并不比美国公司的差，在很多方面甚至要表现得更好一些。虽然很多不起眼的技术和零件遭到了封锁，公司的产能会受到一定的影响，但并不是生死影响，华为完全可以花费一点时间和精力来及时补好这些漏洞，毕竟华为的研发队伍达到了8万人，而且每年会投入150亿~200亿美元的研发资金，这笔钱足够支撑华为渡过难关。

据说当时美国准备取消实体清单时，提供90天的延缓期，这对任何一家受打压的外国公司来说都是一个很好的喘息时间，但是任正非笑着表示，这样的延缓期根本没有任何必要和意义，华为也不需要获得什么延缓期。他坚定地认为华为可以运用自身的技术积累来最大限度地降低断供带来的影响。

在谈到这些问题的时候，任正非还特意谈到了华为向美国公司收取专利费的问题，比如，今年华为公司就有意向美国的Verizon公司收取为期五年、总价值为10亿美元的专利许可费。考虑到华为申请和注册的专利已经达到了9万项，而且11500项新专利就是在美国注册的，任何用到这些专利技术的美国公司都必须向华为支付这笔钱。尤其是随着世界进入5G时代，在5G领域处于领头羊位置的华为，掌控了更多高尖端的技术和核心专利，其他的美国公司未来在使用这些专利时也需要支付大笔许可费。

类似的情况在很多中国公司那儿几乎是不可想象的，因为在高尖端技术领域，一直都是欧美等国家占据主导位置，其他的国家想要掌控话语权非常困难，即便是一些实力强大的国有企业在国际上也常常受到制约。任正非领导下的华为却展示出了不一样的特质，这种特质的核心理念就是自信，可以说任正非非常看重这一点，也愿意将自信注入整个团队文化中。在任正非看来，自信就是发展的最大动力，就是企业走向世界并屹立于世界民族之林的一个关键要素。

最近几年，华为都被认为是最能代表中国企业发展状态的企业，这种强烈的代表意义就源于出色的自信，它和中国日益增长的民族自信是息息相关的。在内部管理尤其是文化管理中，任正非过去更加侧重于“艰苦奋斗”，更加侧重于“以市场为导向”这一类方向。但是随着华为在世界范围内的突围和发展，自信的要求渐渐得到强化，任正非敏锐地意识到，一个自信的企业才能够壮大起来，才能够赢得更多同行的尊重，所以这几年华为更多地表现出了一种“不卑不亢”“从容不迫”的状态。

比如，很多国产品牌为了打开西方国家的市场，往往会进行降价，至少同类产品的价格会比国内市场低很多，但华为从来不会这样去做。据说，当华为手机准备拓展欧美市场时，有人建议华为将手机价格调低一些，可是任正非要求营销人员大胆提价，要求华为的高端手机必须卖得比国内市场贵。很显然，对于任正非来说，这是培养团队自信、提升华为手机品牌的一个重要方式。任正非觉得华为完全没有必要通过降价来开拓市场，因为华为手机具有和世界顶级手机品牌一较高下的实力。而事实证明了这一点，自信的华为人很快打开了欧美市场，并且以高价出售自己的产品。

如果对华为的海内外营收比例进行分析就会发现，海外市场的营收额超过了60%，这对其他品牌的企业来说，几乎是不敢想象的。不仅如此，在最近两年时间，因为5G领域的突出表现，华为公司遭到了西方国家的打压，但即便如此，华为仍旧自信地宣称自己并不害怕被打压和排挤，华为有信心让其他国家接受自己的技术，也有信心继续保持高速发展的态势，所以华为制定的2019年销售收入目标为1259亿美元。

可以说，华为有这样的自信和底气，华为人拥有这种“我不害怕国际竞争”的魄力。这种魄力是华为文化中容易被忽视掉的东西，它不仅体现在一些细节上（如产品定价），还体现在一些战略规划上。可能很多人都对华为如今的成功和成长状态习以为常了，但大家似乎忘掉了华为只是一家32岁的企业，忘记了它是从一家注册资本为2.1万元起步的小企业，忘掉了华为有揭不开锅的悲惨经历，华为的高速成长有其内在的一些推动力。

早在创业初期，任正非就非常豪迈地制定了发展规划：未来的通信市场会出现三分天下的局面，华为将会成为三分天下中不可忽视的一股力量。这样的魄力和自信不是任何人都会有的，也不是任何人敢去想象的。或许从一开始，任正非就给这家企业注入了强大的自信和活力，而这正是华为获得快速发展的动力。

需要注意的是，这里还有两件事可以体现华为的自信。第一件事就是当美国在2018年和2019年不断打压华为时，有位记者询问美国的打压会对华为产生什么重要影响，是否会影响华为进入美国市场的计划，任正非说了这样一句霸气十足的话："有没有进入美国市场，对我们来说并不重要。因为没有美国市场，我也是世界第一。我们没有迫切需要美国市场这个概念。"

第二件事就是在2004年的时候，华为准备在欧洲建造一个实验室。当时一家德国客户公司准备启动对华为3G设备的测试，当天客户代表非常礼貌地征求任正非的意见，看看设备测试在哪里进行比较合适。任正非非常自信且自豪地说："放在你们认为最难、技术要求最高的国家吧！"客户代表听完之后，想了想说："那就放在德国吧！"

这份自信正是华为日益强大的佐证，也是支撑所有华为人保持强大信念的精神力量。

独立自强，赢得更多的尊重

2018年年底至2019年年初，以美国为首的西方国家对华为公司进行了大围剿，下达了禁令，要求国内一些芯片制造商和软件制造商停止向华为供货。此举就是希望能够扼杀华为在5G领域的成长势头，甚至逼迫华为像之前的中兴公司（中兴公司此前被美国断供产品）一样乖乖就范。

面对美国的技术封锁和政治打压，任正非这样说道："我们在这个行业里，迟早会和美国企业产生冲突。但是现在我们所从事的5G行业，美国没有这个行业，所以应该没有强烈冲突。我们在美国是全世界第三大购买芯片的采购商，如果美国不卖芯片给我们，美国有很多公司的业绩会下降，就会对它的股票市场产生影响。但是不卖芯片给我们，并不会影响我们生产出产品，只是美国的芯片

（终端方面）比我们先进一点，我们没有美国的芯片也能生产出产品来，这个产品也能在世界处于先进地位。因此我认为，合作才是双赢的道路，矛盾不会给双方都带来利益。”

除了强调合作共赢的道理之外，华为还意识到只有自身变得更加强大，才能够打破美国肆无忌惮的围剿，所以华为采取了强烈的反击措施。首先，在最容易受到影响的操作系统上，华为的表现震惊了世界：当美国断供操作系统时，华为直接注册了鸿蒙系统，并且提交了专利申请。虽然鸿蒙系统还没有正式使用，而且据任正非表示，这个系统最大的问题在于缺乏完整的生态系统，尤其是应用软件的缺失，这就决定了鸿蒙无法像安卓系统那样吸引大量用户的关注。但是华为已经在努力构建一个完整的应用系统了，考虑到华为所依托的巨大的中国市场，考虑到中国有很多应用商店和应用软件找不到合适的搭载平台，相信在不久之后，鸿蒙系统会成为世界上第三大操作系统。鸿蒙系统也具备自己的优势，它的运行速度比安卓系统快60%，这些优势在未来会提升用户的体验。这让美国政府及那些参与禁售的企业感到慌张，它们这个时候才意识到华为并没有想象中的那样脆弱，至少这个对手和此前它们遇到的其他中国企业不一样。

当华为表现出强大的生存能力和技术底蕴时，美国政府有些慌了，直接给出了90天延缓期。对此，华为直接表态不需要，因为这90天的期限，实际上对华为的打击面更广，今后也许还会有更多的禁售项目和领域囊括入清单，而且华为也根本不害怕制裁和禁令。

眼看技术封锁行不通，美国人又开始四处宣扬，认为华为公司的业务和业绩一定会受到重大影响，营收额可能会出现大幅下滑，甚至有传言美国的禁令会导致华为2019年的营业额下降300亿美元。对此，任正非也做了回应："第一，所有核心的尖端芯片，我们都没有问题，都可以完全自己供给，保持产品的高度领先；第二，少量的部件更替需要更换版本，在版本切换期间，产能上不来，这对发展有一些影响；第三，关于300亿美元，外界可能认为是很大的数字，在我们眼中是一个小数字。因为我们原本预测今年能实现1350亿美元收入，下降300亿美元，还有1000亿美元左右。这是我们的预测，实际上，现在财务报表反映出来的真实情况比我们预测的要好一些。"

面对各种猜测和舆论危机，任正非轻轻松松就能化解掉，而华为人也照常上班，根本没有任何人因此而受到影响。不仅如此，任正非还公开展示华为强势的一面，在接受加拿大《环球邮报》采访时，任正非一改往日低调的作风，直接强调华为的芯片（5G方面的）比美国的要先进，"外界最关注芯片，我最关注的不是芯片，因为我们自己的芯片（5G方面的）其实比美国的先进。""美国打击我们的5G，只是我们网络连接产业的一部分，我们不只是5G领先世界，光传输、光交换、接入网和核心网也是远远领先世界的。这个产业依靠我们自己的芯片和软件，完全可以独立存在，不受美国影响。"

他还继续向美国喊话："未来5年，我们将会投资超过1000亿美元的研发经费，使我们整个网络重构。重构网络，重新打造网络架构极简、站点极简、交易模式极简、网络对内对外都极度安全，遵守欧洲GDPR的标准进行隐私保护。等于要把我们网络进行重构，在重构的基础上，一边重构，一边前进……随着这个网络将来变成智能网，这个世界会变成云世界。在智能云社会时，如果我们公司是最安全、最可信的，不买我们的产品都不行，非要买我们的不可。”

任正非认为华为目前只是终端受影响多一些，也许这些影响需要花费一两年时间来改善和消除，但他认为用户对于华为终端的信任并没有因此受到影响。比如在美国发布制裁的实体清单时，华为的P30手机在发布后85天内销售了1000万台，之后几个月更是突破了1亿台。这些好的趋势都在表明华为拥有强大的抗压能力，也有实力去应对美国的制裁。

在制裁之下，华为并没有屈服，反而以乐观的心态面对这一切。华为高管在各个场合纷纷表示，在这一次制裁之中，美国正以一种很好的方式帮助华为获得成长。可以说在外部巨大的压力之下，整个华为公司变得比以往任何时候都更加团结，也变得更加自信。

面对一些产品的断供，任正非坦承眼下华为的确会遭遇一些困难，但是这些困难并不太难解决。为了确保华为不会真正受制于人，任正非开始着手修补各种“漏洞”。他坦言：“往往是最不重要也没有太大技术含量的某些零部件，我们过去忽略了。但是电路板上少了这个零件，就需要全部改变，这还是有一定工作量的。所以，美国的实体清单对我们没有死亡威胁。你问‘到底有多少个洞’，我认为有千百个‘洞’，每个‘洞’都需要很多人去梳理、一个个去补。”

他非常乐观地表示，技术层面都很容易解决，只是需要花费一些时间。比如有些简单的器件影响比较大。他还举了一个例子，有三个重要的器件被美国政府纳入打击范围之内，制造这些器件其实技术要求并不高，但是华为过去并没有在意，现在被禁止了，马上出现断货，并直接导致公司要全部修改电路板。目前公司已经快马加鞭地提供解决方案，并且可以生产其中一个器件了，其他的器件也会在今后的几个月或者几年时间内自行制造出来。

在任正非看来，类似的问题并不难以解决，只是增加了不少工作量，需要花费时间一一修补这些漏洞。“所有存在的‘洞’，我们都是有能力补起来的。因为我们有8万研发人员，每年研发经费投入150亿~200亿美元，只要我们掉过头来解决，让最尖端的人，从‘求发展’、探索未来的研究，转过来先解决简单急需的问题，没有解决不了的问题。”

而且华为打算将现有的18.8万员工扩展到19.4万人，仅仅在7月和8月的招聘会上，华为就打算吸收1万多名应届生。为什么增加这么多人呢？原因很简单，华为在研发、供应、销售、服务方面需要更多的人进行版本切换。显而易见，面对美国的封锁，华为表现出了强大的自信和自强，对于外来的压力做出了有力的回应。欧洲国家开始纷纷妥协，重新接纳华为5G，而一开始表现强势的美国也最终宣布取消部分禁令，毕竟这种制裁行为在很大限度上对美国供应商的伤害更大。

经过这件事，任正非和华为都意识到只有自己变得更强才能赢得尊重，才能在竞争中生存下去。自然而然，在任正非的带领下，华为也展示出了应有的血性和独立自强的一面。正如他在接受采访时所谈到的那样：“这是比赛，你做得好不好，你做得好了以后不会没人买的，你不要担忧，我从来没担忧这件事。我举个例子给你听，前两天我对西方记者专门讲了，全世界把5G做得最好的是华为，全世界把微波做得最好的是华为；全世界做5G的只有几家公司，全世界做微波的只有几家公司，只有一家公司把微波和5G做得好。”

超强的耐力是华为公司发展的重要支持

华为的高级管理顾问吴春波教授在描述华为的成功时说过这样一段话：“我的第一个结论是，华为的成长发展是厚积薄发的成功，是等得及，是不着急，是坚守聚焦、厚积薄发、持续压强、水滴石穿、久久为功战略发展理念的必然结果。

“我国的企业太着急了，市场经济充满了机会，但在这40年中，也产生越来越严重的机会主义，企业如此，个人也如此。大家都等不及，所以就不淡定，就焦虑，就会不择手段、不择路径，于是弯道超越、变道超越、造道超越等机会主义的发展模式大行其道。纵观华为30年的发展，可以看出，它超越竞争对手都是在爬坡的时候。市场经济不相信眼泪，市场经济不同情弱者，市场经济只相信实力。”

过去，人们常常说十年磨一剑，任正非也号召华为人“板凳要坐十年冷”，从整个华为的发展历程来看，华为在发展过程中磨了30年的剑，也枯坐了30年的冷板凳，然后才从一家默默无闻的小企业成长为世界级别的跨国公司。正因为所有华为人的忍耐和坚持，才使得华为可以在恶劣的生存环境中一步步壮大，可以说支撑华为前进的一份重要力量就是耐力，这是华为企业文化中很重要的一部分，甚至是奋斗文化的基础。

从华为的发展历程来看，可以发现很多枯坐冷板凳的例子。比如在开发俄罗斯市场的时候，华为的市场开发团队在俄罗斯整整度过了7年时间，而且华为获得的第一笔订单只有36美元，这样的情况换作是其他企业可能早就离开了，但是对于志在打开国际市场的华为来说，有必要坚守下去，直到机会真正出现。

在开辟非洲市场和南美洲市场的时候也是一样。由于风俗文化的不同，以及当地的环境太过恶劣，华为在开拓市场时经常碰壁，许多人都劝华为离开这两个市场，毕竟很多西方企业也对非洲和南美洲市场失去了耐心。但是华为一直表现得很有耐心，一直都在艰苦的环境中等待机会。

比如在开辟南美洲市场时，华为最先选择了经济相对发达的巴西作为切入口，毕竟这个国家在南美国家中影响力比较大，而且一直都保持开放的姿态，这是华为非常看重的一点。但实际上，在进入巴西市场时，巴西人一直都以歧视的眼光看待华为，在巴西客户眼中，华为是一家名不见经传的小公司，而且是一家中国公司，他们似乎对中国制造不怎么信任。历经千辛万苦，华为于1999

年在巴西开设了拉美首家海外代表处，并且直接投资300万美元。

可是这笔投资并没有打开巴西市场，巴西人固有的理念对华为非常不利，他们宁愿相信欧洲人的产品，宁愿和欧洲人做生意。华为不得不一次次向巴西顾客推荐自己的产品，展示自家产品的优势，并且实实在在地在巴西坚持了5年时间，才真正赢得巴西客户的信任。2004年，华为才与巴西主流运营商CTBC合作，负责建设巴西新一代移动通信网络，从而顺利获得了第一份订单，并顺利打开巴西市场。

虽然如今来看，华为已经在全世界各地区进行了合理布局，但是这个布局的过程并没有想象中的那么顺利，在千辛万苦突出国内市场的重围之后，华为在国际市场上一直步履维艰，无论是欧洲市场、亚洲市场、非洲市场，还是美洲市场，都遇到了各种阻力，但华为的特点就在于能够忍耐和坚持，无论多么困难，都不会轻言放弃，最终依靠强大的耐力获得了市场的认同。可以说，华为的成功扩张就是建立在“枯坐冷板凳”的理念上的。

事实上，华为也对自己的发展形势产生过动摇。2003年，华为的业务发展遭遇了瓶颈，由于发展压力很大，任正非和华为高层当时考虑将公司卖掉，而出售的对象正是摩托罗拉公司。当时，摩托罗拉公司在功能手机市场上的影响力仅次于诺基亚，可以说正处于巅峰状态。时任摩托罗拉首席运营官Mike Zafirovski认为华为的发展还是有潜力的，可以帮助摩托罗拉在通信设备方面拓展市场。双方很快在海南会面并敲定了这笔交易，交易的金额为75亿美元，站在当初的立场和环境来说，这是一笔双赢的生意。

不过，随着摩托罗拉首席执行官的下台，摩托罗拉首席运营官Mike Zafirovski的收购方案也被否决了。虽然新上任的执行官同意公司与华为继续谈判，但是一直都拒绝通过收购案，因为他和其他董事会成员认为摩托罗拉的发展态势一片良好，而华为根本不知名，不值得花费75亿美元的现金。

当交易一次次被否决之后，任正非和全体华为人意识到华为唯一的出路就是依靠自己奋斗了。当时任正非告诉全体员工，既然没有人愿意购买华为，既然没人看得上华为，那么华为不如干脆放手一搏，实施自救计划。而正是因为华为的幡然醒悟和坚持，才最终从泥潭中走出来，并且获得了新生，在之后的十几年时间里，慢慢成长为通信设备制造领域的巨无霸。

对于华为来说，一路走来充满了坎坷，遭遇了各种各样的阻挠和压力，但重要的是，华为坚持了下来。在发展过程中，有很多有实力的对手原本比华为拥有更加光明的前途，但是它们最终都在压力面前迷失了。要知道在华为发展初期，竞争对手大约有400家，华为不仅生存了下来，而且成了世界上最大的通信设备制造商，成了那个笑到最后的企业。要知道哪怕华为人放弃了一次，屈服了一次，华为的成功就会变成妄想。

乐观是华为保持强大抗压力的关键

2019年4月15日，《财富中文网》评选出了2019年中国最具影响力的50位商界领袖，其中任正非高居榜首。对于这一点，许多人都认为任正非是实至名归，无论是任正非的个人魅力，还是他管理下的华为的实力，都足以证明任正非的价值和地位。正如《财富中文网》给这些商界精英的评语："过去一年，中国商业环境复杂多变，一些大公司遭遇前所未有的挑战。这也正是考验商业领袖精神的压力测试场——他们的价值不仅体现在公司的成功时刻，更重要的是，他们要勇于面对挑战，带领公司走过危机，寻找新的方向，迈向下一个成功。"

这段话用来描述任正非再合适不过了。面对过去一年的风波，任正非表现出了一个顶级企业家和卓越领导者应有的气质，他给华为带去了一个最重要的特质，那就是乐观积极。因为在他看来，华为当前遇到的都不算太大的困难，毕竟华为过去遭遇了比这更严峻的考验，可以说华为未来还会遇到更大的挑战，所以没有必要自怨自艾，也不应该在困难面前丧失动力。

当美国对华为发起禁令时，很多人都担心华为会和中兴公司一样承受不住美国的打压，而且与中兴不同的是，美国并不会轻易罢手，它已经迫不及待地要联合各方势力将华为扼杀掉，避免华为在5G领域领先全球。所以从局势来看，华为遭遇的情况比中兴更加凶险。当大家都在担心华为怎样脱困时，任正非却在各大媒体面前表现得风轻云淡，强调华为公司已经做好了充分的应战准备，并且并不害怕美国的制裁。

当别人都在议论美国政府到处游说盟友排斥华为，极力抹黑华为会带来什么影响时，任正非笑着做出回应："我觉得，我们还是应该给他们付点广告费，因为华为公司从来没有这么出名过，这么权威的美国人士在全世界给我们做宣传，让我们被全世界人民知晓了。在知晓的过程中，他们说'华为有可能是坏公司，华为有可能是好公司'，但是他知晓了华为，这是热点，最后他打开网页一看，事实是华为原来是好公司。所以1月、2月我们的销售收入同比增长35.8%，比预想的增长很多，运营商和消费者通过他们的宣传更加了解华为了，所以要谢谢他们的宣传。"

其实早在2018年，悲观的情绪就开始在华为周边弥漫。在2018年第四季度工作会议上，任正非特意站出来进行动员："首先，我们要有信心，不要把当前形势看得过于悲观，形势总体还是好的。

我们处于信息社会，信息流量空间的增加还极其巨大，即使个别地区不接纳我们，也不影响在流量扩大时我们的机会。信息社会到底是什么样？其实现在谁也不清楚，是不是大量的像大气环流一样的信息环，人类社会还有大量循环根本没有研究清楚。每个循环的认知，就是流量巨大的增加，越拖越大，是我们没有足够的管道、超级优秀的搜索引擎、好的时延。”

在任正非看来，即便美国政府封杀了华为，华为一样可以在其他国家和地区获得发展。考虑到5G是一个巨大的市场，华为完全可以在其他地方找到生存的机会，并且在技术优势比较明显的情况下，华为的生存压力并不算大。在这里，任正非虽然没有谈具体的地方，但是欧洲地区、亚洲地区、美洲地区都是华为经营多年的老市场，华为在这些地方拥有很强的存在感和很高的市场地位。

虽然外界都在盛传美国的制裁将会给华为带来300亿美元的损失，华为也基本默认了这一点，但是任正非认为华为并不担心这点钱的流失，作为一个成熟的大企业，华为完全可以借助这一次机会变得更加强大，然后在未来的2~3年内获得更大的进步。

面对当前备受打压的局势，任正非提出了华为未来的发展策略，那就是争取从以前的“防守计划”转变为“攻守兼备”。其中以攻为主，防守为辅，打赢构建万物互联网的智能世界这一仗，只有打赢了这一场仗，华为才能赢得未来二三十年的和平发展期。在任正非看来，未来美国一定会在物联网和人工智能方面对华为下手，对中国的相关企业下手，因为这两个领域对美国的威胁最大。

在面对如此大的打击时，任正非和华为还能保持如此乐观自信的态度，毫无疑问体现出一个优秀企业家的素养和一个优秀企业的底蕴。这也是华为及全体华为人在过去30多年来表现出来的东西，正是这种乐观的心态使得华为可以在各种大大小小的危机中始终保持泰然自若。

任正非认为自己当初的选择决定了华为人不得不以乐观的心态面对一切，在谈到华为的起步时，任正非曾经对媒体吐露心声："华为茫然中选择了通信领域是不幸的。这种不幸在于，所有行业中实业是最难做的，而所有实业中，电子信息产业是最艰险的；这种不幸还在于，面对这样的挑战，华为既没有背景可以依靠，也不拥有任何资源，因此华为人尤其是其领导者将注定要为此操劳终生，要比他人付出更多的汗水和泪水。"这段话表面上强调了华为的一些先天弱势，却从侧面反映出任正非及华为迎难而上、坚持到底的乐观态度。也许从一开始，任正非就已经给华为注入了乐观的态度，提供了更多抵抗压力的基因。

将生活作为工作的强大后盾

奋斗文化从一开始就是华为人的精神信仰，即便到了今天，它仍旧是华为公司内部最重要的文化符号。任正非就多次表示要多培养雷锋，多培养奋斗者，要让更多的人投身于华为的伟大事业。早在20世纪90年代，任正非去朗讯公司的贝尔实验室参观，当时最让他感动的不是贝尔实验室里那些先进的技术，而是实验室中那些勤奋努力的科学家，他们中的很多人几乎到了废寝忘食的地步，将自己的青春奉献给了实验室。任正非当时就产生了一个期待，如果华为也拥有这么多奋斗者，那么华为的发展肯定会更上一层楼。

这么多年来，华为一直都在呼唤那些奋斗者，一直都在想办法激发员工奋斗的欲望。可是随着华为的发展和工作强度的增加，很多员工在奋斗的过程中疾病缠身，还有很多员工在高强度、高压力之下患上了抑郁症。这个时候，任正非开始意识到必须让员工在工作之余找到一个释放压力的通道，必须想办法让员工获得精神上的成长。那么什么才是释放压力的好方法呢？任正非认为回归正常的生活才是一个简单有效的方式，无论是社交生活还是家庭生活，都可以有效帮助人们调节压力和情绪。

任正非曾经给那些抑郁症员工写信，在信中，他强调了这样一段话："我们要引导员工理解、欣赏和接受习惯高雅的生活习惯与文化活动，使他们从身心上自己解放自己，这次我们不惜使用为客户提供的服务，做一次演示，让大家看到高雅的生活无处不在。这些生活场景、生活方式，北京、上海已经比较多，只要你愿意多花一些钱就可以实现。员工不能成为守财奴，不能成为金钱的奴隶，丰厚的薪酬是为了通过优裕、高雅的生活，激发人们更加努力去为工作、有效的奋斗而服务的，不是使我们精神自闭、自锁。"

在这里，任正非谈到了高雅的生活，谈到了对工作和金钱的态度，本质上就是希望员工可以在热爱工作的时候也热爱生活，能够将家庭生活当成工作的坚强后盾。任正非觉得私人生活尤其是家庭生活是自我调节的一个有效方法，也是人生最重要的组成部分，从某种意义上来说，它和工作同样重要。

在家庭生活的问题上，任正非本身也是过来人，工作多年，他觉得如今最对不起的就是家人。他坦承自己以前当兵的时候，就没有好好照顾孩子，没有花时间陪孩子玩耍，没有陪孩子学习，平时也没有什么太多沟通的机会。创业之后，他意识到自己的时间更少了，每天都花费十几个小时在公司里，还要经常出差几个月，根本没有时间和小孩儿相处。虽然孩子们养成了独立自主的品格，自己却始终没有好好尽到做父亲的责任。

任正非希望员工也可以更多地和家人待在一起，多关心一下妻子和孩子，多关心一下父母，有空就陪着他们出去旅游，争取在一个和谐的家庭环境中成长。任正非觉得员工能够艰苦奋斗是好事，但是一定要将工作和生活分开，不要让过多的工作时间占据原有的生活空间。

在过去，任正非强调的是："有一篇文章叫《硅谷：生机盎然的坟场》，讲的是美国高科技企业集中地硅谷的艰苦创业、创新者们的故事，它'埋葬'了一代又一代的优秀儿女，才构建了硅谷今天的繁荣。华为也是这样的企业，也是无数的热血儿女贡献了青春与热血，才造就了今天的华为。现在再来想一想，马克思说的'在科学的入口处就是地狱的入口处'，会多一些理解其深刻的内涵。就说明要真真实实地做好一项工作，其艰难性是不可想象的。要突破艰难险阻才会有成就。任何做出努力、做出贡献的人，都是消耗其无限的生命才创造了有限的成功。华为要想追上西方公司，无论从哪一方面条件都不具备，而且有些条件可能根本不会得到，因此，只能多付出一些无限的生命。高层领导为此损害了健康，后来人又前仆后继、英勇无比。成功的背后是什么，就是牺牲。"

但是现在，他并不愿意因为奋斗和牺牲而忽略员工对私人生活的掌控权，而越来越多的华为人也开始意识到这一点。最近几年，很多华为员工在网络上发声，吐槽孩子都不认识自己了，还觉得爸爸不是亲爸爸，否则为什么一年到头爸爸不是加班就是出差呢？这样的吐槽实际上代表了很大一批华为人的状态。就像网上流传的一个故事一样，一名华为女性员工有一次向上级领导请假，说是要请假两个小时。上级问她要请假两个小时做什么，这个女员工非常焦急地大喊：“再过两个小时，我就嫁不出去了。”接着，这个女员工利用两个小时的时间和男友一起去领了结婚证，之后又回到公司上班。

从某种意义上来说，在高工资的诱惑下，许多人几乎奉献出了全部，家庭对他们而言更像是旅店，偶尔可以住一次。这种工作状态完全破坏了人们的生活质量，剥夺了人们享受生活的权利，所以任正非给员工提出了建议：“有机会去北京，可以去景山公园看看，从西门进去，那儿是一片歌的海洋，很热闹。这些人都是垂暮之年的老人，几十人一组，几百人一团，都在放声歌唱，多么乐观，多么豁达。看看他们的夕阳红，你为什么不等到那一天？”

在强调铁腕治理和制度至上的文化时，任正非也展示出了人性的温度，而这种人性的温度实际上就是号召员工要热爱生活，只有热爱生活的人才会热爱工作，也才有更多的精力热爱工作。很多人喜欢割裂工作和生活，喜欢将工作当成提升生活品质的保障，却不知道生活同样可以调节人们的情绪，让人们更加专注地投入到工作中，二者完全是相辅相成的。

股神巴菲特多年来一直都在努力工作，即便将近90岁的高龄，他依然每天都坚持工作几个小时。但是无论自己多忙，他都会坚持和家人一起吃饭，并且确保自己每天下班之后可以玩几把桥牌。这些习惯几十年没有改变过，他希望自己的下属也可以在努力工作之余安安心心享受生活。很明显，这样的工作和生活状态才是理想的、健康的，也才真正能够帮助人们提高生活的质量。而华为也在努力想办法平衡生活和工作之间的关系，让员工在享受生活之余拥有更高的工作效率。

第三章

无与伦比的团队合作文化

相互监督、相互信任的工作氛围

主管华为终端业务的余承东曾经表示："我的原则是做人简单，做事实实在在。我们的团队，人与人要相互信任，建立起兄弟姐妹般的情谊。我们可能会吵架PK，吵完还是兄弟。工作中有争论正常，只要对事不对人。希望每个人都热爱自己的团队，遇到困难时大家相互帮助，每个人都能在团队中感受到温暖和关爱，工作辛苦，但忙并快乐着。"

余承东或许是整个华为高层中最另类的一个人。虽然他有才干，也有魄力，但是一张大嘴经常会引发风波。也正是因为如此，很多高层领导都希望余承东能够管住大嘴，大家甚至不得不在一些重要场合不断提醒他，让他多做少说。对此，余承东从不生气，虽然有时候他也和其他同事发生争吵，但是在工作中，大家永远都能够建立起良好的合作关系，他知道所有的监督和批评都是为了自己少犯错误。

在华为内部，随时有人会提出你在工作中犯下的错误。比如在华为的心声社区中，员工和干部一样都会将工作中发生的一些不好的现象提出来，而犯错的人也乐于接受指正。在整个工作系统中，大家并没有进行相互攻击，并不会相互抹黑和恶意阻挠，反而建立起相互监督、相互信任的良好合作关系，没有谁会将这些批判性的言语当成是职场上的攻击。事实上在华为内部，任正非经常督促其他高层要做什么及应该怎么做，与此同时，其他人也会对任正非的一些行为进行监督。

1993年的某一天，技术部门的负责人郑宝用在部门内部召开会议，大会准备对一个重要的研发项目立项评审，作为整个华为的掌舵人，任正非自然也很有兴趣进去旁听。可是当任正非兴致勃勃地走进会议室时，郑宝用毫不客气地要赶走任正非，“这个会你就不用参加了，我会把结果告诉你的”。任正非起初怔了一怔，很快就明白过来，于是满怀歉疚地转身离开。当时郑宝用的举动让与会者大吃一惊，他们万万没有想到他竟然敢直接赶走任正非，这样不是得罪了上司吗?

但郑宝用并没有多想，在他看来这是一个部门内部会议，其他外人根本没有必要参加，任正非进来旁听毫无疑问会破坏谈话氛围，而且有“长臂管辖”的嫌疑，这样的做法对于整个公司的工作会形成非常不好的影响。任正非也自然明白这一点，认真接受了郑宝用的监督，此后再也没有干涉过部门内部的闭门会议。

2018年4月，华为高层召开了一次会议，本来会议要讨论其他话题，可是不知道谁现场提出了任正非工作中的一些不当之处，接着大家就像事先约好的一样纷纷将矛头指向任正非。大家认为任正非的个人思想和工作机制有待完善，他完全可以放宽指导，在人力资源管理方面尽量温和一些，不要过于机械化，同时要注意进一步接纳新事物，不要过度使用一些中庸思想，不要过分重视专家等。面对大家善意的提醒，任正非在会上进行了自我检讨，同时感谢大家对自己的监督。而会议之后，大家又和往常一样继续工作，根本没有人为此事记仇。

许多人都非常担心华为是一家独裁公司，可能整个监督体系都是自上而下的，高层管理者会逃离监督体系之外。但事实上，华为在这一方面做得比国内很多企业都要好很多，在国内，无论是那些巨头企业，还是普通的中小企业，可能很少有人会想到要监督一把手，很少有人会对那些实际的掌控者提出什么建议和意见，也许多数人听得最多的就是“董事长说什么无关紧要，我要做的就是执行它”。在一个服从文化下，很难想象公司内部的监督会有什么实质性的成果，毕竟上行下效，员工会慢慢失去信心，脱离整个监督体系，从而变成一个只关心自己工作状态的人。

有人在谈到团队内部的工作时，这样说道：“在团队中通常存在4个人，分别是‘每个人’‘某些人’‘任何人’‘没有人’。假设有一项非常重要的工作要完成，那么用原则来说，‘每个人’都被要求去做这项工作，但事实上‘每个人’都认为‘某些人’会主动去完成任务，这样一来，‘任何人’都有可能去做事，但当

‘每个人’都这么想的时候，反而‘没有人’去做这件事了。在这之后，‘某些人’开始感到生气，因为这是‘每个人’的工作，而‘每个人’却觉得‘任何人’都可以做这项工作，殊不知‘没有人’能够领悟到‘每个人’都不会去做事。到了最后，当‘没有人’做这件‘每个人’都要去做的事情时，‘每个人’都会想办法指责‘某些人’。”

很显然，华为一直都在极力避免出现这样的情况。为了确保内部工作不会受到影响，确保每一个华为人可以形成强烈的归属感和主人翁意识，赋予每一个华为人基本的监督权应该是一项基本工作。所以任正非这些年一直都在积极赋予员工更多的权利，并且鼓励员工去践行这些权利，提升自己的存在感，同时想办法通过这些方式强化彼此之间的信任和团队协作意识，从而能更好地提升工作效率。

同甘共苦下的虚拟受限股

企业如何挽留自己辛苦培养出来的员工呢？通常的做法是给予员工高工资、高福利、高奖金、高职位，还有一种比较常见的情况就是股票分配。很多公司都会发行股票，向内部员工发行股票一方面是为了实现公司盈利和员工利益的捆绑，另一方面则是为了确保能够通过内部筹资的方式筹集更多的资金。

华为在创立初期一直面临着资金短缺和人才短缺的困境，为了解决这些问题，任正非在华为内部推行了一种非常特殊的分配制度，这就是虚拟受限股。作为华为独创的一种股权制度，这些股票只在华为内部发行，它们和其他公司上市发行的股票明显不同。事实上，华为的虚拟受限股具有一些显著的特点。比如虚拟受限股能够为员工带来分红，但员工不享有所有权和决策权，只能在华为员工之间流通，在员工离开时由工会回购股票。

1990年，华为正式实行虚拟受限股。一开始，股票的认购价格是每股1元钱。随着员工的增加及公司的发展，公司的股票价值逐年变动。其中1993年每股的实际价值为5.83元，1994年为4.59元，1995年也达到了3.91元，但是股票的认购价格始终为1元1股。面对几倍的收益，华为员工自然心甘情愿购买股票，而且也提升了工作的积极性。毕竟谁都明白，只要自己付出更多，公司发展更快，那么每股股票的实际价值就会更高。

为了进一步刺激员工，公司设定了认购股票的一些要求，那就是认购股票和能力、业绩相关。只有那些表现优异的员工有资格认购虚拟股票，公司会和他们签订合同，合同由公司保管，但是持股的员工拥有一个查询持股数量和价值的账号。对于很多没有认购资金的员工，可以在工商银行、平安银行、中国银行、建设银行四家银行办理“个人助业贷款”，不过随着华为的壮大，这项贷款业务在2011年被叫停。

虚拟受限股的出现是华为面临的艰难处境决定的，它在一定程度上缓解了华为的资金危机和人才危机，但是随着华为的不断发展壮大，虚拟受限股已经成了体现华为同甘共苦、实现价值捆绑的一种合作文化。比如很多公司的股权分配都向少数的几个人集中，而华为却完全相反。截至2019年，整个华为公司大约9万名员工的持股比例占到了股票总数的98%，而任正非本人只有1.14%左右，其余高管的股份也很少。

对于很多创业者来说，如何确保自己的收益最大化是每一个创业者关心的问题，因此在关于内部股权分配的问题上，常常会毫不犹豫地让自己占据更多的股份。尤其是民营企业，创业者更是希望让一切都在自己的掌控之中。像任正非这样如此大度地同员工分享利益，并且不断稀释自己的利益，这是一个巨大的挑战。毕竟在国内其他民营企业中，类似的创业者股份要么是50%或80%，要么直接100%，很少有人像任正非一样另类，也很少有企业像华为一样成熟。很明显，这样的分配方式真正体现了“华为是所有华为人的华为”的思想，也展示了华为共同发展的文化。

任正非是一个非常善于分钱的人，他曾经这样谈论管理问题：“钱分好了，管理的一大半问题就解决了。”任正非善于借助物质饥饿感来吸引和引导员工采取行动，善于借助各种高效的分配制度来强化员工集体奋斗的态度和能力。无论是分钱还是分权最终都会成为华为的一个重点工作，由此可见，分享是华为企业文化中很重要的一部分，而分享的最终目的是为了促成更加高效的合作。创业者要和其他跟随者一起分享，高管要和下属一起分享，确保不会独吞所有的收益。在《华为公司改进工作作风的八条要求》中，有一条非常有趣，那就是绝对不允许下级请上级吃饭。相反，任正非鼓励上级请下级吃饭，并且放话说谁请下属吃饭多，谁升职就更快。虽然是一句玩笑话，但是在华为内部的确有这样一个不成文的规定：上级和下级一起就餐时，上级应该主动掏腰包请客。这是华为分享文化中的一个组成部分。

不过，相比于请客之类的其他方式，发行虚拟股的方式更有助于体现华为公司的合作和分享文化。作为一家世界级别的大公司，华为没有选择上市，没有向社会融资，而是以发行内部股票的方式将员工凝聚在一起。对于任何一个华为人来说，都有机会认购股票；对于任何一个华为人来说，都有机会享受到公司发展带来的红利。在这种形式的物质激励下，华为有效激发了员工的工作动力。

虽然深圳市政府在之后出台了《深圳市国有企业内部员工持股试点暂行规定》，以便防止企业内出现股权的非法交易。尤其是到了1993年、1994年，为了继续加强内部股权发行的管理，政策上已经不再允许内部职工股的审批和发行。而多年来，华为仍旧依靠内部股权的稀释和分配，紧紧地将所有华为人团结在一起。

矩阵结构下的信息共享

由作家斯坦利·麦克里斯特尔、坦吐姆·柯林斯、戴维·西尔弗曼、克里斯·富塞尔共同完成的《赋能：打造应对不确定性的敏捷团队》一书中有这样一段话："以规划、预测为基础的管理模式不再适应当今的挑战，新时期管理模式的基础须对变化中的各种状况都能够弹性十足地适应。组织必须网络化，而不是条块化，这样才能成功。组织的目标不应当再是追求效率，而是让自己获得持续适应的能力。这要求组织模式和精神模式有巨大的变化，还要求领导层持续努力地为这样的变化创造适宜的环境。"华为也非常看重这一点，并且一直都在想办法进行组织的改革和完善。

实际上华为从创办之初就采用直线式的管理模式，具体形式就是一个项目经理带着几个工程师做项目，项目经理直接对上级负责，而上级也会在不同项目之间进行安排和资源调动。这是那个年代最普遍的一种管理模式，对于企业的发展起到了一定的作用。但是随着华为的不断壮大，直线式管理模式的很多弊端开始显现出来，管理者的工作量成倍增加，管理效率低下。而且在烦琐冗长的行政指挥链和等级森严的职级体系中，信息传输作用被弱化，员工之间的协作及资源整合功能逐步丧失，整个公司的业务板块开始出现分离，导致整体的反应不断变弱。

在了解直线式的弊端之后，华为开始研究一种更加出色的管理结构，并最终提出了矩阵式管理。在这个结构中，公司采用了复杂的矩阵式组织结构，将内部不同组织机构、不同岗位和职位，不同层次的人员紧密联系在一起，形成一个整体的、纵横交错的网络结构，这样就可以有效促成事业分工和专业职能分工的结合，保证整个公司的协作质量。同时有效平衡企业中的各项利益，将员工的目光聚焦在华为的企业利益上。此外，在矩阵结构中，信息的共享成了一个重要的形式，由于信息总是能够在第一时间被员工获悉，或者说员工可以从其他人那儿获得自己想要的信息，从而能够提升他们应对问题的能力。

通用电气公司的总裁韦尔奇曾提出一个“无边界”的概念，韦尔奇认为一个正常的企业组织就像生物有机体一样，各个部门之间、各个层级之间存在各种各样的生物膈膜。这些膈膜是企业各部门明确职责、细化工作任务，并且互不干涉的关键，也是各个部门得以存在的保障。但是这些膈膜必须具备输送血液、氧气、化学物质的功能，而不是起到完全隔绝不同部门的作用。韦尔奇主张在组织内打造一种学习型的文化，打造一种良好的信息沟通机制，确保所有人能够参与到内部的管理工作和决策工作中来。

华为的矩阵结构也是无边界模式的一种，而关于这些，任正非多次强调信息共享是关键，“我们鼓励我们几十个能力中心的科学家、数万名专家与工程师加强交流，思想碰撞，一杯咖啡吸收别人的火花与能量，把战略技术研讨会变成一个‘罗马广场’、一个开放的科技讨论平台，让思想的火花燃成熊熊大火。公司要具有理想，就要具有在局部范围内抛弃利益计算的精神，重大创新是很难规划出来的。墨守成规是最容易的选择，但也会失去大的机会”。

信息的共享与交流是华为企业文化中非常重要的一部分，任正非认为一家企业是否能够走得更远，依赖于内部的合作机制是否完善，依赖于内部的信息交流模式是否合理。如今的社会正处于一个快鱼吃慢鱼的时代，华为想要在这个竞争激烈的环境中生存下去，就要提升自己的应变能力。而这种应变力的前提就是信息的收集与共享，只有将每一个部门、每一个人都动员在一个体系中，只有将这个体系变得更加顺畅和灵活，华为才能够在多变的市场环境中做到游刃有余。

其实这些年，华为的矩阵结构一直都在不断变化和完善之中，早在2005年，华为就通过人力资源管理委员会、财经管理委员会和产品战略投资综合评审委员控制事业部，成立七大片区，接下来这些片区被拆分为20多个地区部，确保了决策权往一线移动。到了2010年，华为对设备、终端、软件服务等业务部门进行重新梳理，让各部门的业务直接面向客户和市场。至此，华为的矩阵式管理真正形成一个比较完善的系统。而之所以不断完善这个系统，还是出于对信息共享和交流的需求。毕竟当华为的体量不断增大时，想要实现“转身”往往会变得越来越难，而这样的状态显然不足以跟上市场多变的节奏，因此需要更加高效的信息交流来维持灵活性。信息交流能促进技术交流，也能促进内部工作体系的完善。所以任正非多次在内部会议上呼号，“华为过去是一个封闭的人才金字塔结构，我们已炸开金字塔塔尖，开放地吸取‘宇宙’能量，加强与全世界科学家的对话与合作，支持同方向科学家的研究，积极地参加各种国际产业与标准组织、各种学术讨论，多与能人喝喝咖啡，从思想的火花中感知发展方向。有了巨大势能的积累、释放，才有厚积薄发”。

在这方面，华为做得非常到位，这也是它制定以客户为中心发展理念的一个重要保障。比如，过去华为的研发部门和市场经常会发生脱节，研发出来的产品虽然有一定的技术保障，但是并没有受到市场的热捧，有时候则是没有抓住市场发展的最佳机会，原因就在于内部交流不够，研发部门没有认真倾听市场的声音，没有从市场部那儿获得更多市场的实时信息。而在实施矩阵管理模式之后，市场部与研发部有了更加深入的、及时的交流，市场部员工可以在第一时间将市场信息的变动情况反映给研发部，然后研发部迅速针对市场制造出合适的产品。

很显然，对于华为来说，真正的发展是建立在信息交流的基础上的，只有在内部打造一个完善的高效的沟通体系，才能够在最短时间内发现问题、解决问题，也才能够在最短时间内挖掘商机、把握商机。

把个人主义和英雄主义扼杀在摇篮中

1995年，任正非邀请有着“中关村村长”和“中国互联网之父”之称的段永基吃饭。见面之后，段永基询问了华为内部的股份分配问题，任正非如实进行了回答：“公司百分之七八十的管理者和员工都拥有股份，他们既是股东又是雇员。”段永基对于这样的分配并不理解，他推心置腹地替任正非担忧起来：“那你有没有考虑到，你们（任正非和高层）只占3%的股份，有一天别人可能联合起来把你们推翻，将你赶走？”

面对好心的提醒，任正非显得非常大度和真诚，“如果他们能够联合起来把我赶走，我认为这恰恰是企业成熟的表现。但就现在的情况看还不可能，因为这个企业还在艰难的发展中，他们还需要我。如果有一天他们不需要我了，联合起来推翻我，我认为是好事”。

后来有一次在接受央视《面对面》专访时，任正非再次强调了类似的观点：“华为的未来不用我想，我们下面的人应该想得比较清楚，他们只是希望得到我支持一下就行了。我不需要具体地去操心华为太多的事情。我在华为已经是个‘傀儡’了，这‘傀儡’就是人家来问你一下就算数，不问我，我就不知道。”

一家如此成功的企业，一个如此成功的企业家，在面对个人与团队的成功时，却能以如此通透的方式来阐释彼此之间的关系，能够站在这样的高度上来明确创始人的个人定位，非常不容易。纵观很多民营企业，大部分创始人最终都成了企业的代表，成了掌控一切的绝对领袖，这似乎是企业发展的一个通病。很显然，对于很多企业家来说，他们在管理和运营的时候，总是无时无刻不在强化自己的影响力，总是无时无刻不在留下自己的烙印，而这往往会导致企业对个人的极度依赖，并会产生个人英雄主义。接下来，员工也会将个人表现置于团队利益之上，并会崇尚单打独斗的工作风格，这会对整个团队的凝聚力造成致命的伤害。

Y Combinator公司的联合创始人保罗·格雷厄姆曾感慨道：“一个人想要创业办一家公司太难了。即使创始人可以一个人做完所有的工作，也需要同事们集思广益，需要一起反思曾经做出的错误的决定。当出现麻烦的时候，要一起加油。然而，创始人之间的争斗太平常了，我们投资的创业公司中有20%的团队出现过创始人团队有人离开的情况。人心不齐何以征战天下？”

想要避免个人英雄主义，就要懂得授权、放权和分权，要懂得让更多人参与到企业管理和建设当中来，不能大小事务一把抓，不能把所有的权力都控制在自己手中。按照任正非的说法，“华为公司存在的唯一理由，就是为客户服务。权力是为了推动共同价值观的动力和润滑剂，谁来接班，谁就有权力去推动价值观，起到动力和润滑剂的作用。如果权力不受约束，就会阻碍和破坏这个价值观。我们的治理章程是力图实现分权、共进、制衡，使权力闭合循环，以及在循环中科学更替。公司的命运不能系于个人。否则遇到安危，公司就不运行了？面向未来不确定的生存与发展环境，我们唯有坚持集体领导，才能不断战胜困难取得持续的胜利。集体领导机制的生命力与延续性是通过有序的换班机制来保障的。所以今年我们已经完成了170个国家、96768名持股员工的选举，这要形成新一届的权力机构。通过制度交接班才能确保公司‘以客户为中心、为客户创造价值’的共同价值得到切实的守护与长久的传承”。

有一次，任正非去珠海出差，邀请一位华为前员工吃饭，这个人曾经在华为成立初期加入公司，但是后来办理了离职手续并在珠海自主创业，开了一家规模不小的公司。在饭桌上，为了避免尴尬，双方都没有谈论旧事，只是聊一聊生意和生活。可是在言谈中，任正非能够听出对方对于当年的离开有些后悔，因为华为如今发展越来越好，而自己的公司一直都在苦苦挣扎。任正非只能安慰对方，认为多出去闯一闯是好事，只有尝试了才知道创业的艰辛。

饭后，几个华为高管谈论起了这个离职的人，任正非非常客观地说：“他人非常聪明，懂技术，也懂营销，不比‘比尔’和‘盖茨’差（‘比尔’和‘盖茨’是华为公司两位高管的外号），但就是没把自己的公司做好。”众人非常奇怪任正非怎么会知道这一点，也许对方只是在酒桌上谦虚一下而已，并不是真的遇到了什么困难。任正非笑着说：“原因就在他腰上。”

为什么任正非会这么说呢？原来那个人的腰间别着一大串钥匙，办公大楼的、车间的、财务部的、仓库的。按照任正非的说法，一个企业家如果连仓库钥匙都挂在身上，那么就证明他什么事情都想要抓在手里，这样的人是难以真正管理好企业的。钥匙就是权力的象征，一个企业家身上的钥匙越多，也就意味着权力越大，合理的授权和分权就越少，其他人在工作中的决策权越少，个人的存在感也越低。这样的企业家不可能真正调动所有的资源和员工将工作做好，整个企业很有可能会陷入困境。

多年来，任正非一直都在强调自己要退居幕后，一直强调自己只是一个普通的华为人，并没有为华为做出太多贡献，其用意就在于淡化个人主义，并且试图让所有人明白，整个华为公司没有任何人是不可或缺的，包括他自己。在他看来，一个健康的、有生命力的企业应该坚持集体领导的制度，绝对不能被英雄主义及个人主义所影响。

需要注意的是，除了限制创始人和领导者的个人主义，一般来说，优秀的团队和企业，往往还会想办法限制超级业务员的出现。所谓的超级业务员主要是指那些业务能力出众、能够独当一面的工作者，这些人无论是工作能力还是工作绩效都要高出其他人。本来超级业务员能够极大地促进公司发展，但有些超级业务员会认为自己是不可或缺的，会表现出独来独往，不喜欢与人配合，而且经常表现出自负的一面，拒绝听从他人的指令，并希望所有人都围绕着自己转动，按照自己的想法行事。

超级业务员往往是内部不稳定的因素，他们会破坏内部的合作氛围，同时也会因为经常违反公司的内部规定，破坏公司制度而引起管理上的混乱。可以说，公司虽然需要借助超级业务员的能力来提升业绩，但是更加值得担心的应该是这些人对团队机制的违背，以及对整个工作流程的破坏。在这方面，华为始终坚持一个原则，那就是任何岗位上的人必须是可替代的，只要这个人下去了，那么就会立即有人顶替上来。这样做既避免了工作流程的意外中断，也避免了华为内部出现对英雄的过度吹捧和英雄主义的泛滥。

不独占市场，打造一个更完整的发展生态链

如果对经济的发展史做一个了解，就会发现伴随经济发展的往往还有企业的垄断。尽管如今很难再出现类似于托拉斯那样的垄断企业，但是仍旧有很多企业会追求垄断位置，期待能够在市场上建立起从属于自身需求的垄断局面。从市场竞争的角度来说，当一家企业开始控制市场的时候，就意味着它不用再去面对任何挑战和竞争，可以任意制定价格来操控市场及通过产量的调整来控制市场的需求。从单纯的发展目标来说，也许有一半以上的企业都希望自己就是行业内的托拉斯，就是无可比拟的巨无霸。

可是华为人从来不曾这么想，任正非总是站在更高的战略高度上来看待一个企业的成长和壮大。也许他一直都希望华为能够成长为世界上最强大的企业，但绝对不希望华为会是行业内唯一强大的

企业。道理很简单，在一个健康的行业生态圈内，是需要各种各样的竞争元素的。只有拥有竞争，整个行业的生态才会健康循环，整个行业才能够获得可持续发展的机会。

在谈到华为是否有必要成长为具有垄断能力的企业时，任正非直接表明了自己的态度和看法："欧洲也经历了中世纪的黑暗，中国在四五十年前也是很贫穷的，没有吃的，但今天都吃不完了。其实天还是那个天，地还是那个地，所有环境都没有变化，为什么现在富裕了？就是科学技术的进步带来的。我们的社会还有法律、制度、宗教、道德的约束，这些约束都使得我们这个社会不走向丛林法则。社会还有反垄断法，一旦一只狮子壮大到一定程度就不允许它壮大了，可以让两只狮子，互相竞争，保持社会平衡发展。"

其实早在2014年，任正非在"后备干部项目管理与经营短训项目"座谈会上提到关于华为体量及市场占有率的问题时，并没有像其他企业那样狮子大开口，扬言要独占市场，垄断所有相关的市场和产业，他对所有华为人提出了要求：在争抢大数据流量机会点时，最好的结果就是占据1/3左右的市场份额，其余的市场交给竞争对手去开发。

在任正非看来，这个1/3就是一个健康的生态系数，是华为得以在市场上生存和发展的前提，是维持整个市场生态链健康的基础。虽然不同的市场上会有一些差别，但是从整个行业来说，华为的市场比重不能太大。比如在国内的5G市场，华为大约占据了50%的市场份额，爱立信和诺基亚控制了44%。在这个重要的领域，中国一直保持开放的态度，欢迎更多的竞争对手进入市场，而华为也没有占据地利对其他友商进行残酷的打压，而是实现了行业内的共存。而从整个国际市场来看，虽然目前还不清楚华为的市场份额会有多少，但华为的目标就是接近1/3。

比如在谈到美国对华为的打压时，任正非非常大度地表示，虽然美国与华为在5G领域内不存在科技竞争（因为美国并不存在5G，也不存在光交换），但是美国的打压行为客观上帮助了诺基亚和爱立信。而当整个5G市场上存在这类强大的对手时，对于整个5G生态系统的发展和完善是有帮助的。任正非认为无论是谁，总是应该存在一些伟大的企业来负担起人类社会5G时代的未来。诺基亚和爱立信的发展对于整个人类社会来说非常重要，它们的存在是人类的福音，对于华为来说，有这样强大的对手存在也是一件好事，更何况这两家公司的起步都要比华为更早一些，它们都经历过辉煌。

更进一步来说，其实有关产业生态的说法，任正非在某次采访中提到了“三个支点才是平衡”的观点。他觉得一个行业中，或者在世界格局中，许多人都期待形成一个三角形的结构。如果世界只有美国一家独大，那么就会引发失衡的局面；如果世界上强大的是欧洲和中国，同样会产生失衡。一个世界的生态基本上都需要以三个支点作为支撑。

最近华为芯片被美国断供的事件成了世界上最大的新闻，在面对断供事件时，任正非一方面表现出了强大的自信，以强大的研发实力和良好的品牌信誉回撑了美国，另一方面则聪明地强调华为并不打算破坏原来的那种合作模式。任正非一直都在表示，华为虽然有自主研发芯片的能力，但不一定就要全部自己生产，而应该聪明地采取一加一的策略，一半买别人的芯片，一半使用自己的芯片，这样做的目的就是要参与到整个世界的合作体系当中。如果什么都要自己生产和创造，那么不仅会面临成本的提升，还会将自己排除在世界合作体系之外，也会因为一个封闭的系统而打破整个生态圈。

也许很多人会担心华为只是在释放烟幕弹而已，毕竟在最近一两年时间，华为多次表态要成为行业领袖，但成为行业领袖与垄断整个行业并不是同一个概念。在华为人看来，想要成为行业领袖就不能采取狭隘的、封闭的、排斥的策略，不能用“在高速公路上丢石子”的方式形成自己独特的优势。在华为人看来，运用自身的技术优势和资源优势卡住世界的脖子并不是一个明智的发展策略，也不是华为应该走的道路。华为需要站在行业领袖的位置上为世界做出贡献，而领袖就需要对世界的发展和强盛负责，需要建立世界信息网络大架构，并且想办法和其他对手分享信息，分享行业的利益，而不是想尽办法阻挠信息流前进的道路，破坏其他对手进入市场的计划。就像任正非倡导的那样：“即使将来我们领先世界，也不能欺负别人，保障公司踏踏实实前进就行了。我们不是去积极进攻，而是和友商达成适当的平衡性解决问题。”很显然，当美国人担心华为会利用5G优势控制整个行业的发展时，华为完美地做出了回应，明确表示华为的发展目标和发展态度。

实际上，任正非不仅立足于当下，而且对未来的发展模式也进行了憧憬和规划，他曾提出一个关于市场合作的“分享制”：“这个信息社会发展的速度，比我们的能力提高得快，不然我们也可以打打高尔夫、喝喝咖啡。我们的国际同行在这段时期也变大了，苹果大得皮都不知如何削了。是共同合作发展，满足社会需要。我们的分享制，从20多年来对资本与劳动的分享实践，逐步扩展到对客户、供应商分享成功。同时，与领导这个世界的先进公司合作共同制定标准、路标，一起为社会做出更大贡献。”

按照他的期待，在未来10年崭新的生态圈里，华为只取1%的利益，其余的利益与其他人进行分享。许多人认为任正非只是随口说说而已，如果说占领1/3的市场还有一定的说服力，只取1%的利益的做法更像是“弱水三千，只取一瓢饮”，完全不符合企业生存和发展的规律。但是只要了解华为的发展模式，就可以知道任正非强调的生态圈是一个更宽泛的概念，不单单是通信设备制造这个领域，而是包含了整个通信信息领域。此外，华为一直主张坚持“上不碰应用，下不碰数据”的管道战略，只负责传输信息，绝对不碰应用和数据，而应用和数据本身就是一块大蛋糕。任正非有段话解释得非常到位：“就像西瓜切成八块，我只要一块。我跟日本的公司说，我绝不会去搞物理的，我就是搞数学逻辑。这样日本的公司就放心了，我不会泄露它们的材料技术，譬如永远不会搞氮化镓。我跟微软也说了，我永远不会搞搜索，微软也就放心了。在国际分工中，我们只做一点点事，以后也只能做一点点事。”

正因为如此，很多企业家在谈到任正非的时候做出这样的评价：“（任正非）比当下互联网企业家高很多段位。就是纵向也不一体化扩张，而是狼只吃羊，把草留给羊吃。”其实，任正非的想法就代表了华为的发展目标，华为高层如今在构建生态圈上形成了一个统一的意见，他们都主张让华为在一个良性的行业生态圈中生存。

华为轮值董事长胡厚崑说过：“我们要以春雨‘润物细无声’的方式呈现价值与贡献，获得信任，持续改善、软化商业环境，使之与公司未来千亿美元规模相匹配，在更高层面支撑业务发展。华为的价值循环平台将是全产业链的价值创造与分享，我们要用好最优秀的资源，在资源多、政策好的地方加强布局，构建产业生态圈。同时，要提升对风险内控、合规运营的监管能力，建立危机预警及管理机制，守护好企业形象。”事实上，在华为的价值观中，获得强大的发展地位远远不如保持一个健康稳定的行业生态系统更为重要。

保持开放，吸纳更多的合作者

在经济全球化的大背景下，如今世界上最流行的一个话题就是“保持开放，合作共赢”，开放成了一个国家、一家企业进步的标志，合作则成了国家和企业获得发展的重要保证。正因为如此，华为多年来一直秉持开放合作的原则，主张和更多的企业进行合作，共同将市场做大做好。

任正非认为：“在信息社会，一个国家单独做成一个东西是没有现实可能性的。所以国际上一定是走向开放合作的，只有开放合作，才能赶上人类文明的需求，才能以更低的成本使更多人享受到新技术带来的福祉。”所以合作是社会发展的必然，也是文明进步的一个重要推动力。

在华为人看来，这种合作不应该受到太多外力的干扰，不应该被狭隘的思想所束缚。比如，最近两年，当华为公司遭到以美国为首的一些西方国家围剿和打压时，很多人都认为华为可能会就此全面退出美国市场，可能会放弃与美国公司进行合作的机会，尤其是考虑到很多美国企业都主动配合美国政府打压华为。但事实上，任正非并没有因此而改变华为一贯以来的原则，没有改变这种合作文化。在任正非看来，多数美国企业还是有良心的，还是懂得“合则两利”的道理的。它们并没有真正去排斥华为，打压华为或许也不是它们的本意。

“我非常感谢美国公司。第一，这30年来，美国公司伴随着我们公司的成长，教会了我们怎么去走路。大家知道我们绝大多数服务的公司都是美国的公司。第二，美国大量的零部件、器件厂家，给予我们很大的支持。特别是在今天的危机时代，真的体现了美国企业的良心。而且今天企业也还在说服美国政府。”

在接受加拿大CTV采访时，记者问了一个比较刁钻的问题：“有一个对比非常有意思，您是全世界最大的网络技术公司的创始人，华为却诞生在中国，而中国又是一个对信息有限制的国家，这里没有推特，没有Facebook，没有谷歌。如果我们看未来，您是不是也会去游说中国政府，从而促使它在信息流动上采取更加开放的政策？”

任正非非常坚定地回答说：“我坚决支持谷歌、Facebook、亚马逊……所有都进入中国，我的态度从来没有改变过。而且你看我从来都是帮苹果说话的，尽管我们跟苹果有竞争，但是每次有机会，我们公司就帮苹果说话，帮这些西方公司说话。我们从来主张开放的状态，在开放的竞争过程中，我们才会变得强大。如果说要保护起来，是不会强大的。我们在国际市场上与西方公司竞争，我们今天才变强大了，所以美国政府就高看了我们，其实我们真的没有他们想象的那么强大。”

在提到与华为有诸多摩擦的加拿大时，任正非也拿出一个顶级企业家应有的担当和胸怀。他认为整个华为公司多年来一直都在考察加拿大，并认为加拿大是一个各方面条件都很优秀的国家，它具有很好的发展潜力与发展环境，是一个具有高度战略意义的地方。所以华为打算将全球科研资料中心放在加拿大，并且致力于打造一个加拿大硅谷。要知道全世界有100多个国家和华为有良好的合作关系，而华为却唯独看中加拿大，其中的意义不言而喻。

开放的文化、合作的态度一直都是华为公司的一块重要招牌。在面对外界的竞争压力及内部的发展需求时，华为人坚持将开放合作放在市场开拓和市场稳固的首位，坚持和市场上的其他企业发展良好的合作关系。这些年来，华为始终坚持开放原则，并且每次进入一个市场都会寻找合适的合作伙伴，尤其是进入国际市场的时候，华为就喜欢寻找合作商一同开发市场。

比如在进入葡萄牙市场时，华为与英国跨国移动运营商INQUAM一起合作建立了CDMA网络；在法国，华为找到了法国电信运营商NEUF；进入德国市场的时候，选择了当时德国最大的电信运营商QSC；在开发英国市场的时候，华为先后与英国电信及英国最大移动运营商Everything Everywhere一同合作；在进军非洲市场时，华为率先接受了肯尼亚智能网的改造与升级，而合作伙伴就是沃达丰；进入巴西市场的时候，华为又与巴西主流运营商CTBC合作，一同负责建设巴西新一代移动通信网络。

华为还和一些顶级企业进行了非常深入的合作。比如2003年，华为与美国3Com合作成立合资公司。2004年，华为与西门子成立合资企业，双方针对中国市场一同开发TD-SCDMA移动通信技术。2005年，它和沃达丰签署《全球框架协议》，正式成为沃达丰优选通信设备供应商；同年，又与英国Marconi公司签署了互助商品代销协议。到了2007年年底，华为成为欧洲所有顶级运营商的合作伙伴。

除了一同开拓市场，华为还始终非常注重和其他企业之间的技术合作与交流。对它而言，寻找出色的技术合作商有助于提升华为的研发能力和技术攻关能力。比如华为曾经与Texas Instruments、Motorola（摩托罗拉）、IBM、Intel、Agere Systems、Sun Microsystems、Altera、Qualcomm、Infineon和Microsoft（微软）等著名公司成立联合研发实验室。

很显然，在各个方面，华为都在想办法拓展视野与合作范围，争取让华为融入更好的发展环境，同时赢得更多发展的机会。当然，经过多年的发展，华为始终明白一个道理，合作不是简单的业务往来，不是简单的技术交流，更多的是要彼此设定一些空间。就像任正非一直强调的那样，“平台和组件之间的耦合，要松耦合，不要强耦合。Wintel为什么失败了？就是微软和英特尔强耦合，我进步你也得进步，不同时进步，一个落后了，另一个就不同步，会散伙，这就是强耦合的问题。夫妻也是一样，互相要给一点空间，有点距离，会多一些恩爱。松耦合就是让不同组件之间的进步，相互不强关联。否则我们喊‘齐步走’，为了这个步伐对齐就浪费了机会”。

保持诚信，寻找优质的合作伙伴

2019年，华为创始人任正非接受了法国《观点》周刊的采访，当时记者谈到了信息安全和网络安全的问题，任正非非常坦诚地说："我们卖给客户的是一个裸设备，如同'自来水管'和'水龙头'一样，终端就像'水龙头'，连接设备就像'水管'。里面流'水'还是流'油'，是信息系统决定的，而且网络是控制在运营商手中，不是我们决定的，我们取不到数据。我们敢于承诺没有安装后门，希望你们去采访美国公司，让它们一样与法国政府签订协定。"

多年来，华为一直坚守诚信经营的原则，始终没有违背这一最基本的商业运作法则，按照任正非的说法就是"品牌最根本是诚信，而不是宣传"。任正非始终认为，一家好的企业想要在市场上立足，固然离不开良好的服务和出色的技术，离不开强大的宣传能力，但最根本的还是一个态度问题，即是否具备诚信思维，是否坚持以诚信的方式对待工作，对待客户与合作商。他曾经在评价中小企业的出路时，做了这样一番点评："小公司只有一条，就是诚信，没有其他。就是你对待客户要有宗教般的虔诚，就是要把豆腐好好磨，终有一天你会得到大家的认同的。"

几乎在每一次的内部会议上，任正非都会强调："从我做起，向下延伸，做真正的三老四严、认认真真做事的模范员工（做老实人，说老实话，干老实事；严格要求自己，严格自我训练，严肃认真的工作作风，严守与人合作的信用）。"这一番话几乎成了华为对外合作中的一条基本准则。

多年来，华为公司从来没有做过任何欺骗客户的事情，从来没有使用不良手段攫取客户的利益，无论是口头承诺还是书面协议，华为都坚持按照规章制度办事，都坚持履行自己的承诺，绝对不会出现当面一套背后一套的做法。华为人对待客户非常真诚，对待合作商同样也强调以诚信精神来规范彼此之间的行为，确保双方的利益和名誉都不会受到损害。

2000年左右，整个IT行业都遭遇了寒冬，由于经济不景气，为了降低成本，很多企业开始想办法偷工减料。当时，有一些上游供货商就以次充好，给华为提供了一大批质量不过关的元器件。结果华为在出售产品之后，由于质量问题而导致客户怨声载道。作为受害者的华为并没有推卸责任，而是坚持对客户的损失负责，直接全面更换了客户的产品，并且拒绝和上游那些不守信用的供应商合作。

有一次，有用户直接在网络上反映华为手机的充电线质量不好，经常容易断裂。一直对华为手机产品质量非常自信的余承东得知这个情况后，没有像往常一样站出来替华为辩解，而是指示相关部门立即着手进行调查，看看是否确有其事。经过调查，相关人员发现用户反映的问题非常普遍，而原因就在于一家经常合作的供应商为了降低成本，私自减少了制造电线时所需的一些微量成分。听说这个消息后，余承东非常生气，当即宣布中断与那家供应商的所有合作，并且还将这件事告知所有的供应商，提醒他们要注意保持良好的合作姿态。

为了确保获得优质的合作伙伴，华为制定了严格的《华为合作伙伴行为准则》，在这个准则中明文规定："禁止合作伙伴通过虚假项目、虚增客户需求、阴阳合同以及提供虚假签收单、虚假验收单等方式协助华为员工确认虚假收入、提前确认收入、故意延迟确认收入等。禁止合作伙伴通过任何形式伪造华为公司印章和公文函件。"

为了确保合作伙伴不会违反诚信原则而影响华为的市场业务，华为公司还直接对所有合作伙伴、供应商提出一个要求，那就是必须签署反贿赂的诚信廉洁协议，以此来保障公司的利益，并维持合作双方关系的稳定。许多人都会觉得华为也许只是做做样子罢了，但事实上，华为这些年已经因为诚信问题取消了和许多诚信不佳的客户之间的合作。通过这份诚信廉洁协议，华为强调了自身对诚信的重视和坚持，从而有效地维护了自身的品牌形象。

美国著名经济学家和未来学家乔治·吉尔德在谈到企业之间的信任问题时，这样说道：“我觉得关键的问题是要建立事实联网、信任联网和交易联网。《后谷歌时代》中讲到了如何通过区块链、密码学及其他先进技术重建信任。幸运的是，新一代技术人员正在引领这些技术的发展。政治问题会随着新的技术不断发展而消失，我觉得华为可以在信任联网这方面做出重大贡献。与此同时，一旦信任联网，华为也可以再次向美国提供产品服务。”

事实上，华为这些年来一直都受到合作商与客户的欢迎，在2019年美国对华为发起的全球围剿行动中，华为之所以能够顶住压力，尤其是在欧洲市场上顶住压力，主要原因就在于它深耕国际市场多年，已经建立了良好的品牌形象。许多重要客户与合作商都认为华为是非常值得信赖的伙伴，它们找不到任何理由拒绝华为，也不想就此破坏与华为的合作关系。显而易见的是，华为的诚信形象已经深入人心，并且成了华为打开国际市场、维持国际市场份额的一张重要的牌。

第四章

强化执行文化，才能让华为走得更远

创新文化是执行文化中非常重要的一部分

在联合国发布的2018年全年专利申请数据报告中，华为公司以5405件专利申请排名世界第一。在知识产权组织历史上，从来没有任何一家公司提交的国际专利申请数量比得上华为，由此可见华为的创新研发能力之强。事实上在过去的几年时间里，华为的专利申请数量一直都排在世界前列。完全可以说，华为是目前世界上最具创新精神及创新能力最强的公司。

这种创新文化来源于发展中的积淀，但是在很多时候人们并不能直观地理解华为的发展状态。比如在华为发展的最初，人们都觉得华为只是一家有一定技术基础但是主要依靠价格优势获得发展的企业，他们并不觉得华为有什么创新精神，并不认为华为在技术层面有什么太大的优势。不过欧洲一家通信制造商的高管却提出了截然不同的看法，他在一个非正式场合这样评价华为：“过去30多年全球通信行业的最大事件是华为的意外崛起，华为以价格和技术的破坏性创新彻底颠覆了通信产业的传统格局，从而让世界绝大多数普通人都能享受到低价优质的信息服务。”

在这里，他谈到了华为崛起的两个秘诀。第一个是价格，这对于创业初期的华为来说，的确是一个进入市场的利器。但是相比之下，华为同样拥有技术和创新优势，在这里，这个高管谈到的是“技术的破坏性创新”，这样一个特殊的词总体上还是比较符合华为的技术特点的。

如果对华为的创新文化进行分析，就会发现华为的创新不仅体现在技术方面（在通信领域内不断发展，尤其是当前的5G领域更是拥有一定的基础优势），而且还表现在其他很多方面：制度创新（工者有其股的分配制度）、产品微创新（在前人的基础上对产品做出迎合市场需求的微调）、市场与研发组织创新（市场组织创新包括一点两面三三制与铁三角，研发体制创新是研发产品的功能模块化创新）、决策体制的创新（轮值CEO制度）等。这一切都是华为多年来创新文化得以丰富和执行的结果，而这些创新文化本身就具备一些鲜明的特点。

比如华为的创新文化既是开放的，又是收敛的。开放的创新文化体现为“一杯咖啡吸收宇宙能量”，华为要炸开人才金字塔，吸收更多的创新想法，要让华为人去接触和学习更多的好理论、好技术，和那些优秀的人多交流。华为主张研发人员要更多地了解和学习新的知识，更多地进入市场前沿阵地去了解情况，不要将自己封闭在专业领域和专职工作岗位上，只有放宽视野，只有增加实践体验，才能够真正走出封闭的空间。

收敛的创新文化则体现为对创新模式的定位。任正非认为首先创新不应该是颠覆，不应该是改革，而是一种完善，无论是技术创新还是思想、组织创新，都可以借用前人的智慧，没有必要做出颠覆性的东西。其次，创新要沉下心来，要坚定地走好自己的路，不要轻易地被动摇和干扰。在他看来，创新是一项寂寞的事业，所有的华为人都需要保持低调的、稳重的心态。在过去，很多华为人一说起创新就认为创新一定是对技术领域的颠覆，就一定要做到与众不同或完全改变人们过去的认知模式和行业内的标准，但实际上真正符合企业发展的创新应该是微创新，应该是基于过去良好经验和优秀模式基础上的完善和改进，这样的创新才不会脱离实际和市场需求。

此外，华为创新文化的一个重要特点就是包容性。按照华为人的想法，创新是需要冒险的，冒险是一个企业走向成功、走向优秀、走向卓越的前提。任正非早在2000年就说过："不冒风险才是企业最大的风险。只有不断地创新，持续提高企业的核心竞争力，才能在技术日新月异、竞争日趋激烈的社会中生存下去。"但是冒险也就意味着可能更容易遭遇失败，两者之间存在一定的联系。

在《分层授权，大胆创新，快速响应客户需求》这篇文章中，华为人特别强调了对创新进行包容的必要性："要使创新勇于冒险，就要提倡功过相抵，给创新以空间。允许有风险，允许创新。

科研不可能都是成功的，应有一定的冒险。科研追求的应是投资有效性，但如果有一天研发上报的科研项目100%都成功了，100%的投资都发生作用了，那就是错误的。为什么？因为不冒险就是最大的资源浪费：浪费了人力、物力与时间。100%做成功就意味着一点险都没有冒，而没有冒险就意味着没有创新，所以创新就一定要勇于冒险，允许风险就是允许创新。”

华为承诺每年都会将收益的10%～15%的资金投入产品研发中，其中资金的70%将用于开发，剩下的30%用于研究。一般情况下，开发工作具有确定性，也具有特定目标；而研究工作往往充满了各种不确定性，毕竟谁也不能保证自己一定可以顺利研发出新技术和新产品。正因为这样，华为专门对研发工作者限定了0.5的收敛值，即允许研究工作有50%的失败，不过在华为内部，并不认为这种失败叫失败，他们称为探索。

类似的包容在其他公司也比较常见，甚至一些企业给予了研发人员很大的私人空间，像谷歌公司拥有一个著名的20%政策，公司允许每个员工在其工作周内花20%的时间来完成其主要任务以外的项目。这样一来，员工就有足够的时间脱离工作任务的范围限制，在自己喜欢做的事情上发挥出更多的创造力。华为公司的整体风格相对严谨，但是对于研发人员也是尽量创造更加宽容的环境。

总的来说，华为的创新文化一方面代表了华为人对更好的技术的追求，对更好的组织模式的向往；另一方面则包含了开放、收敛和包容的特质，可以有效提升华为的工作效率及市场竞争力。

精益求精是赢得成功的关键

在一次记者招待会上，一位外国记者询问西门子公司总裁："为什么一个8000万人口的德国，竟然会有2300多个世界名牌呢？"西门子的总裁这样回答："这靠的是我们德国人的工作态度，是对每个生产技术细节的重视，我们德国企业的员工承担着要生产一流产品的义务，要提供良好售后服务的义务。"

事实也证明确实如此。在德国没有哪一家企业是通过一夜暴富的形式发展起来的，德国更多的是专注于某一个小领域内的小公司和慢公司，它们更喜欢深耕细作，更喜欢在细节上获得突破。精益求精的态度和对细节的把握是它们生存的唯一动力。

比如，德国的很多锅盖非常沉重，而且上面还有一些奇特的花纹。德国的一些销售商对这些花纹进行了解释："盖上它后，水蒸气就能上下自然循环，不易烧干，这是一种技术。”不仅如此，德国的锅盖几乎每一个都是严丝合缝的，只要说明书上面强调三分钟就能开锅，那么三分钟之后就一定可以开锅，绝对不会浪费消费者多余的时间和煤气。

华为人一直都非常认同德国人严谨的工作作风及精益求精的工业文化。德国和日本是华为重点关注和学习的对象。比如，在创业初期，华为一直实行计划供应模式，多项目订单、紧急订单及备货订单，结果经常导致全年的订单需求量很不均衡。这种不均衡不利于企业的发展，这个时候华为人开始思考推行精益文化来提升效率和效能。2006年，华为公司专门花费重金聘请日本新技术公司作为精益推行的顾问，并专门成立了华为生态系统项目组。日本顾问在了解情况之后，建议华为先对精益生产理论和丰田生产系统有一个更细致的了解，从而明确自己将要做什么及怎么做。新成立的项目组则在日本顾问指导下根据公司制造系统的现状，设计规划了精益制造的一个总体架构。

当时，项目组制定了华为发展的四个阶段：精益现场、精益流程、精益企业和精益价值供应链。华为专家是这样解释它们的含义的：“精益现场主要包含了几个方面，即拉动按节拍生产、均衡生产、安定生产和连续流。精益流程则看重流程的设计，追求技术、人才和流程的合理匹配、自动化、均衡化、标准化流程与程序、价值快速流动。精益企业重点实现团队领导力、企业流程和组织的全面发展、整个企业精益延伸、动态的供应链精益创新、最佳精益实践充分共享。精益价值供应链则立足于实现本地化全球供应、企业战略联盟和JIT，确保精益成为企业价值链的核心竞争力。”

随着这几个方面的推进，慢慢形成了符合华为发展需求的精益制造体系，并且在这个体系的作用下华为获得了巨大的进步。比如，在2006年到2008年这3年时间里，华为公司的生产制造周期整整缩短了79.1%，开局坏件也降低了41%，公司的标准工时降低率每年提高15%，而万元发货制造费和料本费则逐年下降。更重要的是精益制造体系带动了华为精益文化的发展，华为人对工作更加认真、更加负责，也更积极地提升自己的工作能力和纠错能力，整个华为公司形成了一股良性的批判与自我批判的风潮。

据说华为内部有一个不成文的规定，那就是每一个人在遇到比较难解决的问题时，一定要多问5个为什么，以确保能够深入挖掘相关问题的成因。不仅如此，华为一直鼓励员工积极进行思考，遇事不仅要给出解决问题的方案，而且最好能够一次性提出7种解决方案。这样的精益文化无疑让华为变得更具魅力，让华为的产品变得更具竞争力。

最明显的一点就是如今华为非常看重的手机业务，手机研发是华为关注比较早的业务，由于诺基亚、摩托罗拉、爱立信在手机市场上赚得盆满钵满，国内的TCL、波导及老对手中兴也趁势发力，这让华为感到焦急，毕竟手机市场是一块巨大的蛋糕，华为没有理由放弃。考虑到自己在通信设备制造领域内具备技术的优势，华为对于手机业务更是心心念念。

早在2003年，华为就开始涉足手机领域，并且在两年之后成立了华为移动通信有限公司。当时的华为主要研发功能机，但是由于技术有限，始终无法形成市场突破，只能用作运营商定制机，很少面对终端消费者。2010年—2011年，随着苹果手机的崛起，人们再次看到了智能手机巨大的市场潜力，很快，像三星公司、小米手机都快速发展壮大起来，任正非再也坐不住了，他直接将余承东调过来负责手机业务。

余承东上任后集中力量进军中高端手机市场，并且很快推出了智能手机P1及D1，但是这两款手机都没能取得预期的效果。消费者经常吐槽手机功能，认为华为的智能机从相貌上看就非常丑，而且一些细节做得比较差，质量也不好。由于一些技术处理不当，导致手机卡顿、死机的情况时有发生，这让华为手机恶评如潮。

任正非在了解情况之后，生气地将余承东叫到办公室，然后逐条列出手机的缺点，最后直接将手机摔在余承东脸上。余承东一下子就被砸醒了，他意识到做手机需要拿出更大的耐性，需要注重细节方面的修饰和完善，所以他很快辞退了内部的研发人员，重新从外界招收专业人才。针对每一个技术问题，余承东一一做出了调整。比如，华为的手机供应链经常出问题，供应商提供的材料质量并不好，因此他从其他公司挖来了主管供应链的蓝通明；华为手机设计不好看，于是他又请来了主管设计的Joon；考虑到华为内部没有人精通中高端手机的研发，他直接从三星公司重金挖来了杨拓。在这之后，他又先后邀请了管理质量方面的专家，最终打造出了符合市场需求的好产品，并且华为每一年都在想办法改进自己的手机工艺和技术，努力让华为手机变成世界上最好用的手机。

管理学家保罗·托马斯和大卫·伯恩在《执行力》一书中这

样写道：“满街的咖啡店，唯有星巴克一枝独秀；同是做PC，唯有戴尔独占鳌头；都是做超市，唯有沃尔玛雄踞零售业榜首。而造成这些不同的原因，则是各个企业的执行力的差异，那些在激烈竞争中能够最终胜出的企业无疑都具有很强的执行力。因此，执行力是决定企业成败的一个重要因素，是21世纪构成企业竞争力的重要一环。可以说，核心竞争力就是所谓的执行力，没有执行力就没有核心竞争力！”在这里，保罗·托马斯和大卫·伯恩强调的执行文化，实际上暗含了精益求精这个要素。要知道，星巴克的咖啡生意是做得最精致的，戴尔的电脑是综合技术最好的，沃尔玛在零售方面做得比谁都到位，这些企业的成功在于它们总是想办法不断改进自己，不断提升自我，从而获得市场的认同。从这方面来说，华为之所以在通信设备制造领域做到了世界第一，也是因为一直都在督促自己不断完善和改进。

实践是检验真理的唯一标准

实践检验一直都是华为企业文化中的一个重要参照标准，也是华为企业文化的基石，可以说无论是内部的人才管理、技术创新、流程改造，还是组织变革都是建立在实践管理的基础上的。比如，人工智能的概念最近几年越来越火爆，各种人工智能的创新产品也层出不穷，而华为对于人工智能范围内的创新一直都在强调一个标准，那就是“自己的孩子自己要先抱，自己的降落伞要自己先跳”。简单来说，就是在人工智能准备推向市场之前一定要在华为内部进行实践性的应用，将其应用到自己的体系内看看情况。这句话来源于“二战”时期的苏联。当时苏联有很多伞兵空降德国时发现降落伞存在严重的质量问题，经常打不开伞，结果造成了重大的人员伤亡。为了确保自己的降落伞质量过关，军方下达了一个重要命令，那就是生产降落伞的厂长在成品出来之后必须自己先跳伞实验一下，结果降落伞的质量得到了很大的提升。

事实上，华为拥有一个服务于全球1/3人口的巨大网络，这个网络的故障、维修和内容的及时反馈都需要应用到人工智能。这个时候，华为自己先在体系内进行应用和实践，就可以发现市场上哪些问题是最重要的，以及时找出存在的不足之处，然后加以改正，最后才能放心地推向市场。

按照华为人的想法，真正的创新是需要和实践结合起来的，只有经过实践的检验，创新才能真正用于生产，才能真正用于市场。比如，任正非曾经多次强调，研发人员要做工程师、商人，简单来说，就是工程师不能仅仅埋头专注于技术研发，更应该将这些技术与实际情况结合起来，应该想办法让技术在市场中得到检验，确保技术研发能够受到市场的牵引和检验。

最近几年，华为一直强调要突破理论创新，要强化理论创新的力度，而理论创新与实践息息相关。正如任正非强调的那样："实践出真知。当实践积累到一定程度就会产生理论的突破。理论是对实践的归纳，但理论的突破往往都建立在实践的基础上。一个人的文章写得好不好，非常重要一点取决于他的实践经验。真正充满真知的人往往是历经实践、善于总结的人。"华为需要的是一批有着实践经验、有着认真实践态度的人，这些人往往可以更好地将实践中遇到的问题和总结出来的经验运用到理论研究和创新当中。而反过来说，理论研究的成果又可以在实践活动中得到检验和完善，两者相辅相成。

除了技术研发之外，在华为，人员的配置和干部的提拔任用也必须通过实践来证明。华为人认为一个人的能力不仅仅依靠学历，更需要经受实践的考验。个人不能和相关的工作脱节，毕竟任何一种能力考核都要按最终在工作中的贡献说话，实践能力才是证明一个人强大与否的标准。华为在对人才和干部进行考核的时候，非常看重对方做了多少工作，做出了多少成绩，创造了多大的价值。

不仅如此，华为一直强调干部的提拔必须和实践工作息息相关，只有那些进入一线进行实践的干部，才有可能获得提拔。按照华为人的说法就是“在华为，没有基层实践经验的那些机关人员，只能称为职员，他们根本不具备直接选拔为管理干部的资格。那些拥有决策权的正职人员，必须经历过一线岗位的历练，并且还经历过业务和岗位的转换。那些没有成功实践经验的干部会被直接冻结晋级、晋职、晋薪和配股的资格，就连平级调动也不可能”。

这样的规定似乎有些出人意料，毕竟在现代社会，很多企业还是非常看重学历、文凭和背景的，名校毕业的高才生、外企大公司里挖掘过来的人才，以及海归派，往往都是企业非常看重的。一般来说，这些人在进入公司后更容易受到重用，而华为为什么非要将一线的实践经历作为提拔的条件呢？

对于这一点，任正非在华为公司内部第二期品管圈活动汇报暨颁奖大会上这样强调：“现在我们需要大量的干部，干部从哪里来？必须坚持从实践中来。如果我们不坚持干部从实践中来，我们就一定会走向歧途。是不是外来的‘空降部队’就一定不好呢？很多公司的历史经验证明，‘空降部队’也是好的，但是其数量绝对不能太大。问题在于我们能不能把这支‘空降部队’消化掉。如果不能消化掉，我认为我们公司就没有希望。那么，我们现在有没有消化‘空降部队’的能力呢？没有。因为我们每级干部的管理技能和水平实际上都是很差的……

“比如说，从哈佛大学来的几个博士，他们做的那套东西我们适应不了，结果，我们既没有受到教育，他们也没有发挥作用。如果我们把他们用到责任岗位上，他们那个指挥系统可能就会搞得一塌糊涂。但是，如果我们不用他们呢，像我们这样的‘农民’，何时才能革命成功呀。所以公司就确定了一条方针：从我们自己队伍里培养我们的骨干，就是依据公司一系列干部制度和政策，靠自己的努力来培养自己的跨世纪干部。”

“猛将必发于卒伍，宰相必起于州郡。”这是华为人才选拔的一个重要口号。任何一个员工想要得到晋升，想要爬到更高的位置上，那么首先就必须拥有基层工作的经历，必须拥有参加一线工作的实践经验，这样才能够真正将工作和具体的管理项目结合起来，从而在工作中体现出强大的执行力。可以说，实践不仅是检验真理的唯一标准，还是检验人才的唯一标准。

只专注于进攻一个城墙口

有很多人会在网上捧华为，或者刻意抹黑华为，比如最常见的就是“华为很强大吗？为什么连圆珠笔芯也造不出来？”“华为是中国最具竞争力的民营企业吗？为什么我感觉华为在互联网方面落后于很多公司？”也有人强调华为造不出好的汽车，华为造不出好的相机，华为没有在家电方面打造强大的品牌。以此类推，华为似乎造不出一块好面包，华为也造不出一把菜刀。

但是对于那些理性的人来说，类似的抹黑手段几乎毫无新意，虽然听上去有理有据，实际上漏洞百出，毕竟术业有专攻，没有任何企业是全能的，而且华为根本不需要造汽车，不需要打造家电品牌，更不需要打造一把刀。华为是很强大，但是它的强大主要体现在通信设备专业领域，在它不擅长的领域内，它的竞争力很低。而且从发展的角度来说，多元化发展并不符合自己的战略需求。

事实上，自从20世纪90年代开始，多元化发展策略就成了中国企业的一个标签，那个时候为了尽可能把握更多的发展机会，很多企业会涉足不同的产业和行业。但随着竞争的日益激烈，走多元化道路获得成功的企业寥寥无几，相反，那些相对单一的企业反而更有机会实现突围。而华为多年来一直坚守自己的阵地，从来没有拓展其他业务的想法，对华为人而言，通信设备制造领域就是一个大本营，也是唯一的大本营。

任正非承认通信设备制造业是一个竞争激烈的行业，能够坚持下来的人非常少，他曾经这样打趣自己当初的选择："如果我去卖水果，你也会问我为什么去卖水果。但是如果我聪明的话，不走上电信，也许对我的人生意义会更大。如果我去养猪的话，这时可能是中国的养猪大王了。猪很听话，猪的进步很慢，电信的进步速度太快，我实在累得跑不动了。不努力往前跑就是破产，我们没有什么退路，只有坚持到现在。我根本跟不上电信发展的速度。那个时候就是错误地以为电信产业大、好干，就稀里糊涂地进入电信了。进去后才知道电信最难干，它的产品太标准了，对小公司是一种残酷。但是我们退不出来了，因为一开业一点钱都没有了。退出来我们什么钱都没有了，生活怎么过，小孩儿怎么养活。退出来，再去养猪的话，没钱买小猪，没钱买猪饲料，因此也不可能改行了，只好硬着头皮在电信行业前行。"

虽然日子不好过，但正如任正非所说的那样，大家咬一咬牙，还是硬着头皮坚持走下去了。有趣的是，阿尔卡特董事长瑟奇·谢瑞克曾经邀请任正非在自家的葡萄酒庄园里做客，在谈到通信行业的发展前景时，这位老大哥以过来人的姿态同任正非说道："我一生投资了两个企业，一个是阿尔斯通，一个是阿尔卡特。阿尔斯通是做核电的，经营核电企业要稳定得多，无非是煤、电、铀，技术变化不大，竞争也不激烈；但通信行业太残酷了，你根本无法预测明天会发生什么，下个月会发生什么……"事实上，瑟奇·谢瑞克一语成谶，阿尔卡特因为竞争力下降，在2006年只能和朗讯强强联合。

在2019年的六一儿童节前夕，华为突然推出了一则竖屏广告《悟空》。广告主要讲的是一个20世纪60年代的农村孩子将父亲辛苦攒给他买钢笔的钱给了一个小伙伴，用来换取对方手中的一张电影票，这张电影票就是经典的动画电影《大闹天宫》。为了获得这张电影票，他被父亲狠狠打了一顿。

但是小男孩还是趁着父亲晚上熟睡的时候，偷偷拿着自己的金箍棒、紧箍咒、手电筒、刀等小工具踏上了前往城市的旅程。一路上，他克服了对黑夜的恐惧，克服了蛇咬的伤痛，并且开始自己抓鱼，掏鸟蛋充饥，为了不饿肚子，他甚至还抓虫子吃，因为他脑海中一直浮现着孙悟空的形象，有空的时候他就翻出随身携带的孙悟空画册，对前方充满了期待。

在漫长的旅途中，他不知穿越了多少年，等到达城市时，却被告知自己的电影票已经是几十年前的老电影票了，根本无法走进3D

影院看电影。小男孩历经千辛万苦却等到了这样一个结果，只能失望离开，可是在无助的时候，他却发现街头悬挂着的悟空贴片正在风中自由地摇曳。

华为P30这则特殊的广告，并不是致敬《大闹天宫》这部电影，而是向情怀致敬，向无所畏惧的乐观精神致敬。通过广告中小男孩对“孙悟空”不懈的追求，运用魔幻现实主义的手法，巧妙地展示出华为人乐观向上、顽强进取的优秀品质，同时也暗示了人们应该回归本心，努力回到那一份寻找初衷、坚持最初梦想，并且寻找未来的情怀当中。这么多年来，华为一直没有改变初衷，一直都在追逐最初的梦想。

很显然，华为的发展带着一点固执和倔强，带着理想主义者和偏执主义者的理念，正因为如此，多年来华为错过了很多发展机会。有人说华为完全有能力进入互联网，同阿里巴巴、腾讯、百度公司竞争；也有人说华为可以大力发展房地产企业，毕竟在发展初期，华为就在深圳拥有大片的土地，如今这些土地绝对价值不菲，而且依靠强大的实力尤其是巨大的现金流，华为完全有机会在房地产领域呼风唤雨。可是在谈到深圳未来的发展时，任正非说过一句非常耐人寻味的话：“深圳房地产公司太多了，没有大块的工业用地了，现在土地越来越少、越来越贵，产业成长的可能空间就会越来越小。既然要发展大工业，引导大工业，就要算一算大工业需要的要素是什么；这个要素在全世界是怎么平均的，算一算每平方千米承载了多少产值；这些产值需要多少人，这些人要有住房，要有生活设施。生活设施太贵了，企业就承载不起；生产成本太高了，工业就发展不起来。”他不希望这种状态影响到企业的发展，不希望企业最终都在房地产的冲击下垮掉，所以他一直都愿意做一个坚守者。

在他看来，华为只需要做好本职工作，没有必要羡慕其他企业，也没有必要搞什么多元化策略。为了一心一意抓通信，为了更好地提升在业内的影响力，华为甚至多年来都坚持不上市，为的就是不被资本控制。“从公司的发展趋势来看，我们的战略目标仅仅聚焦在管道业务纵向发展，而不是横向发展。在管道业务的投资强度与其他公司相比应该算比较多的。大家要知道，我们每年投入研发费用80亿美元左右，没有任何困难。在这样的战略下，我们的资本结构足够，现在不需要更多的新资本”。

任正非非常警觉地提醒所有华为人：“大家都看到，资本至上的公司，成功的故事非常少，资本市场是比较贪婪的，如果它有利益就赶快拿走，就失去了对理想的追求。正因为我们是一个私营企业，所以我们才会对理想有孜孜不倦的追求。我们从几百人开始就对准一个‘城墙口’冲锋，几千人、几万人、十几万人还是对着同一个‘城墙口’冲锋。对着这个‘城墙口’，我们每年研发经费的投入已经达到150亿~200亿美元，未来5年总研发经费会超过1000亿美元。资本公司看好的是一个漂亮的财务报表，我们看好的是未来产业的结构，因此我们的决策体系是不一样的。我们很简单的，为人类进入信息社会而奋斗。”

正是因为担心外来资本会带着华为跑偏，会引领华为变成一家四不像的公司，所以任正非一直都对多元化策略反感，并且扬言几十年以内都不会上市，而这或许是对华为坚守本职业务的最好承诺。

不在非战略的机会上消耗战略竞争力量

2019年6月初，华为突然出售了控股的华为海洋。要知道华为海洋是华为投资控股的承接海底光缆业务的公司，所交付的海缆也已经超过5万千米，在整个行业内排名第四，这是一个非常出色的成绩。很多人对此不可理解，加上时逢5G战争爆发，华为在这样敏感的时刻选择出售重要资产，不免会引发业内的各种猜测，觉得华为可能遭遇了资金困境，或者开始进行战略转型。

面对大家的疑问，任正非特意在内部发文：“不能在世界战略领先的产品，我们不做！”在任正非看来，光缆铺设业务并不是一个战略目标，华为没有必要在上面浪费太多时间和精力。此外，在这个行业内华为还没有做到世界第一，因此干脆选择抛掉这个非核心业务，专注那些核心领域，并尽量做到世界最佳。

不仅如此，任正非还针对这个话题进行了进一步的解释：“最典型的是，两年多前我们裁减了业软。这个部门有一两万员工，耗资近百亿美元，但是没有做出什么成绩。两年前，我们果断裁掉，我悄悄给人力资源部门讲，先给每个人涨一等工资再走，结果那些员工等不到涨工资就扑到前线去。终端之所以走得这么旺盛，云走得这么厉害，是这些有经验的员工扑到这上面做出成绩了。两年过去了，前段时间我去看望他们，才发现他们没有等到涨工资就走了，他们到主战场立功去了，去升官发财去了。我觉得这种精神很好，应该表彰。开表彰大会，先提出来要1万人走红地毯，后来说‘红地毯走不下，3000人’，我也同意。他们自己做的奖章，我去讲了话。奖章做得不是太好，徐直军说，‘因为你讲了话，给这个奖章赋予意义，他们很珍惜’。”

任正非认为一家好的企业不要事事都去兼顾，也不要追求所有的目标，该舍弃的就要大胆果断地舍弃，大家真正要抓的是那些战略目标，这才是决定华为未来发展的关键因素。他觉得“抓住了战略机会，花多少钱都是胜利；抓不住战略机会，不花钱也是死亡。节约是节约不出华为公司的”。

后来，在一次内部会议上，任正非再次强调了一点，那就是保持战略耐性，不要被眼前的利益迷惑，不要在眼前的非战略目标上浪费太多时间。对此，他的解释是：“华为随便抓一个机会就可以挣几百亿，但如果我们为短期利益所困，就会在非战略机会上耽误时间而丧失战略机遇。所以，华为的‘傻’，还体现为不为短期挣钱机会所左右，不急功近利，不为单一规模成长所动，敢于放弃非战略性机会，敢赌未来。敢赌就是战略眼光，就是聚焦于大的战略机会，看准了，就集中配置资源加强在关键成功要素上。华为多年来只做了一件事就是坚持管道战略，通过管道来整合业务和产业。通信网络管道就是太平洋，是黄河，是长江，企业网是城市自来水管网，终端是水龙头，沿着这个整合，都是管道，对华为都有用。当然，管道不仅限于电信，管道会像太平洋一样，我们可以做到太平洋的流量能级，未来物联网、智能制造、大数据将对管道基础设施带来海量的需求，我们的责任就是提供连接，这是一个巨大的市场。”

事实上，华为将“不在非战略点上消耗战略竞争力量”制成巨幅广告，在机场等地刊登出来。在首都机场的广告上，还配了一张图片，图片中是一个瓦格尼亚人，在刚果博约马瀑布手持一个巨大的木篮子（一头是尖的），站在急流中抓鱼。对于这个瓦格尼亚人来说，他需要站在最合适的位置上，需要使用最恰当的力量，才能迎着湍急的河水将鱼舀入篮子里，并且确保自己不会被大水冲走。

任正非当年花费很大的精力才找到摄影的作者，然后购买了版权。很显然，任正非认为这张图片和华为公司的一些精神状态非常像，华为应该像这个捕鱼人一样要聚焦目标，在主航道上发力，以正确的方向、角度和节奏来把握发展。

许多公司会制定很多奇怪的目标，会对一些非战略目标非常重视，原因就在于利益的诱惑太大。但是这些诱惑从长远来说可能是一剂毒药，因为一旦公司将大量精力花费在这些非战略目标上，那么就会丧失战略目标方面的精力。就像创新一样，一些公司专注于一些不着边际的领域进行创新，结果一些不相干的小问题顺利得到解决，而那些核心问题根本没有触及。华为人认为这样的创新是非常有害的，会让组织的发展陷入困境。

华为的咨询管理专家黄卫伟曾经谈到了一件事，他说国内有一家知名企业的设计师送给他一台手持式的迷你洗衣机。这样一个发明的确很新奇，但是在黄卫伟看来这样的创新几乎没有多大的意义，因为这样的创新基本上不会被公司用到，更不用说客户了，谁会没事使用这样一台洗衣机呢？公司往往会花费大量时间、精力和资本在这个无意义的发明上，而真正错过了那些更重要的研发项目。

所以，多年来，华为始终坚持抓住战略目标这一基本原则，对于那些非战略目标会选择性放弃，甚至不予理会，这样就能够集中力量应对那些战略目标了。

保持强大的使命感，主动采取行动

最近一两年，为了改变一些西方国家对华为固有的坏印象，为了破除外界对华为无根据的抹黑和打压行为，任正非及华为的一些高管选择更多地出现在媒体面前，也更加主动地和媒体谈论华为内部的一些情况。在谈论这些情况时，不可避免地会谈到关于华为发展目标和想法的问题，这个时候任正非经常会强调一点，那就是华为及华为人的使命就是为全世界、全人类服务，华为人必须拿出最好的状态，为客户提供最好的产品和服务。

在这里，任正非强调的是使命感，而这是一个优秀企业必须具备的素养，也是一个企业拥有优秀企业文化的具体表现。比如，在谈到华为的发展问题时，任正非强调的是让所有华为人以华为的共同目标为奋斗中心，号召华为人保持专注，实现华为成为“世界第一”的目标。为了实现这个目标，所有人都需要保持主人翁的意识，主动为理想而奋斗。在面对客户的需求和市场开拓的目标时，华为人需要表现出强大的自信，需要主动去迎合市场、挖掘市场，主动帮助客户解决相关的问题，而不是等问题出现了、严重了才被动出手。

一家好的企业应该具有主动性，在面对问题时能主动出击，想办法解决相关问题，这种主动性是企业执行文化中最重要的特质。比如，华为公司一直推行“对事不对人”的制度，“对事负责制是依据流程及授权，以及有效的监控，使最明白人具有处理问题的权利，是一种扩张的管理体系”。员工在工作中具有一定的自主性，只要是有助于解决问题的，只要是有利于公司发展的，那么就没有必要花费时间向上级汇报，自己完全可以做主做出决策。这种主动性其实就是企业走向自由王国的一个必然要求，是企业管理去中心化的一个表现。在一个主动性很高的管理团队中，管理者无须事事下达指令，无须事事过问，员工有更多的权利来支配自己的行动，他们可以依据对公司负责，为公司发展考虑的原则做事，在使命感的召唤下采取合理的行动。

即便是遭遇到一些困难或者严峻的问题时，华为员工首先做的并不是逃避或者从上级那儿寻求帮助，而是想办法解决这个问题。比如，在开拓俄罗斯市场的时候，有个外籍员工发现了项目开发过程中出现的一些问题，于是准备着手和客户一起进行解决。在当天的例会上，这个外籍员工将准备好的问题分发给每一个客户，并希望在下班之前能够获得一个明确的答复。

可是直到会议结束之后，客户也没有给出解决问题的方案，这样的结果对于华为公司来说显然很不利，项目的展开可能会就此受到很大影响，而且从长远来说，客户的利益最终也会受到损害。为了避免这个问题拖延下去，外籍员工一直都在认真审核相关的方案，尽管很多客户都迫不及待地将回复的方案交给他，但是他始终都要求客户暂留一会儿，等到所有的问题真正解决之后再离开。此举引发了客户的不满，不少人当面抱怨这个外籍员工在浪费他们的时间，但外籍员工就像是没有听见一样，认真完成工作，直到获得了满意的答案。

事后，有人责怪这个外籍员工怎么敢这样要求客户，怎么能够强留客户，难道就不担心客户会在会议中翻脸而影响今后的合作吗？这个外籍员工非常坚定地认为自己必须对工作结果负责，对公司的业务负责，而这同时也是对客户负责，只有认真且及时地将问题处理掉，才能真正得到一个对公司、对客户都有利的结果，而这也是每一个华为人应该去做的事情。

使命感是华为人获得强大工作动力的前提，也是华为人能够始终将团队利益放在第一位的原因，最明显的一个事例就是华为旗下的海思公司。2004年，华为成立了海思半导体公司，后来，任正非让1996年才进入公司的何庭波负责管理海思半导体公司。此举引起了公司的震动，毕竟何庭波的能力是否足以担当重任还值得商榷，何况她还是一个女性，她是否具备那种管理的魄力呢？但任正非非常看好这个从小职员做起、一步步走上总工程师位置的人。他对何庭波说道："海思半导体公司必须站起来，摆脱对外国的依赖。”接下来，任正非承诺每年会拨出20亿元用来研发半导体芯片。

由于起步比较晚，加上技术上处于弱势，海思半导体公司的发展一直十分坎坷，但是任正非始终坚守自己的承诺，给予何庭波最大的鼓励和支持。另外，在成立这个公司之后，何庭波就一直提醒所有员工要给华为公司一个交代（华为在十几年前就设想了最坏的结果：美国企业对华为芯片断供），争取研发出合格的芯片作为华为进口芯片的备胎。在所有海思人不懈的努力之下，海思半导体公司推出的芯片越来越出色，性能也渐渐与国际知名品牌接轨，其中一些安防芯片甚至开始领先世界。

在2019年美国真的对华为芯片断供时，何庭波主动站出来表示：“为了这个以为永远不会发生的假设，数千海思儿女走上了科技史上最为悲壮的长征，为公司的生存打造备胎。今天是历史的选择，使我们打造的备胎一夜之间全面转‘正’！多年心血，在一夜之间兑现为公司对客户持续服务的承诺。”

按照何庭波的说法，华为在十几年前就做好了最坏的设想，而海思公司则因为这个担忧而存在，尽管当时很多人都认为华为不可能遭遇这样极端的变故，毕竟在市场全球化的大背景下，很少有国家会这么做。但何庭波并没有懈怠，主动扛起了这个责任，并且还积极引导员工为公司的发展而努力，为打造高质量的芯片而努力。事实上，虽然任正非当初许诺每年为海思提供大量的研发人员和研发资金，但海思还是遭遇了华为内部的一些非议和排挤，但是为了实现华为公司“芯片科技自主”的目标，海思全体职员一直都在主动奉献自己。

其实作为一家民营企业，华为的执行力比起国内大多数企业都要强上太多，而这种执行力及执行文化不仅仅是个人能力的体现，更多时候是个人使命感的体现。使命感越强烈，工作的态度越好，华为人的奋斗欲望也就越强烈。

第五章

华为的危机文化与竞争文化

确保华为成长为一个具有新陈代谢功能的可持续发展企业

任何一家公司都会经历起步、发展、高潮和结束的发展历程，即便那些百年企业也是如此，随着社会的进步及时代的发展，它们都会渐渐被历史淘汰出局。有人做过一项统计，华为公司的那些顶级友商，它们的平均年龄超过了100岁，而这些企业大都在市场竞争中出局和消失了。很多人不理解华为凭什么会超越那些友商，又凭什么会在竞争激烈的市场环境中生存下来呢？从华为的表现来看，其实它只是把握住了一个最基本的规律，那就是任何企业都会经历一个强弱变化的过程，而企业要做的就是保证企业处在一个更加健康的新陈代谢的状态，这样才能在一个健康的体系内尽可能保证企业的年轻化。

任正非非常赞同内部的新陈代谢，他曾经告诫内部员工："我认为任何一个民族、任何一个公司或任何一个组织只要没有新陈代谢，生命就会停止。只要有生命的活动就一定会有矛盾，一定会有斗争，也就一定会有痛苦。如果说我们顾全每位功臣的历史，那么我们就会葬送我们公司的前途。"在他看来，一个企业如果想要实现长治久安，想要保持一个可持续发展的态势，那么就要懂得吸纳新人，淘汰那些旧人，确保企业始终保持活力。

不过这种新陈代谢常常会受到外力的干扰。比如，很多企业内部由于管理不善，导致很多老员工长期不合理霸占位置和权力，导致有能力的新人无法获得表现和晋升的机会。这些老员工和老干部会在内部形成强大的力量阻碍新人瓜分自己的权力，防止有人破坏自己的既得利益。在华为公司内部也出现过这样的情况。比如，在20世纪90年代，华为开始渐渐进入高速发展阶段，这个时候华为对于新人的需求开始增加，但是很多新员工在工作中多次反映那些老员工虽然拿着大量的公司股份，却在工作中表现消极，而且经常阻碍和干扰新人的工作。

新员工的不满引起了公司的关注，所以1996年1月，华为主导了一场市场部集体辞职事件。当时，从以华为副总裁孙亚芳为首的华为市场部中高层干部，到各个区域办事处主任，以及办事处主任以上的干部，全部主动离开原有的岗位。当然，所谓的辞职并不是离开公司，而是辞职之后再公平竞争。

当时，这些辞职的干部都要提交两份报告，一份是述职报告，一份是辞职报告。公司重点分析每个人平时的工作业绩和述职报告中拟定的工作计划，对他们进行认真考核，做出合理的能力评估和职业评估。然后按照一套固有的考核标准和成绩，决定是批准辞职报告还是批准述职报告。对于任何人来说，如果获批的是辞职报告，那么他就必须离开原有岗位，或者因为能力不强而被降职处理。员工有权对公司的做法提出质疑，并且可以选择遵从安排还是直接离开公司。一旦获得批准的是述职报告，就意味着这个人的表现非常出色，业绩达标，能力也获得了认同，这个时候，他就可以重新回到原来的岗位上，甚至因为表现出众而获得提拔。

2017年9月底开始，华为再次上演了类似的大辞职，华为有7000位工作满8年的老员工主动提交辞呈，然后大家可以自愿竞聘上岗，职位和待遇不会发生变动，但需要重新签署劳动合同，工龄也会发生变化，而公司会为此支付大约10亿元的赔偿。

这种先辞职再竞业的模式体现了华为对内部员工流动性的一种统一管理，是把握企业新陈代谢这一规律的一个重要体现。很显然，华为并不希望有太多表现不佳的老员工继续留在原有岗位上，而那些真正表现出色的员工却受到压制，公司需要以此来实现内部的重新洗牌，实现人才的合理配置。当然，更重要的一点是，公司一直都在强调年轻化，一直都在强调要为整个公司不断注入新鲜的活力。任正非意识到那些曾经非常优秀的企业之所以会倒掉，往往是在僵化中死去，它们的衰败常常在于活力不足，导致公司失去了应变能力。

华为要做的就是打破僵化的体制和局面，确保整个公司时刻处于流动的状态，能够及时实现人才的更替和补充。按照华为人的想法，公司每隔一段时间需要对相关部门的人员进行调整，确保员工仍旧有能力处理工作中的事务，实现权责匹配。而当公司里的老员工到达一定年限的时候，就需要离开公司，然后将机会让给更多的年轻人。可以说，保证公司越来越有活力，是华为人的期望。

新陈代谢实际上是华为的一个重大战略思维，这个思维的关键在于实现人才的更替和管理的转型，从而使整个公司始终保持在高强度的竞争水准，也能保证公司内部组织和管理的活性。为了进一步推动这个战略，华为还强调不会给离职养老金和退休金，员工在职的时候，公司会替他们缴纳社保、医保，离开华为公司之后，员工需要自己出钱缴纳。很显然，在传言员工到45岁就必须离开华为的背景下，所有的华为人都对自己的人生有了更为强烈的紧迫感。

残酷的淘汰文化和危机文化

许多人都会认为华为是一家成功的企业，针对外人所谈论的“成功”，任正非曾经非常悲观地说道：“有人问我，三年以后华为会是什么样子？我回答说‘可能就破产了’。所以，我们必须努力与时间赛跑，赶上人类社会的变化。我们感到恐惧的不是美国对我们的打压，而是恐惧我们跟不上人类社会的发展，满足不了人们的需要。目前我们有一点领先，也可能对我们是有害的，我们的员工可能因为这点领先沾沾自喜，而忽略了自己继续努力，也许我们就会被人类社会抛弃了。大家要想到，140年前世界的中心是匹兹堡，钢铁；70年前世界的中心是底特律，汽车；现在世界的中心在哪儿？不知道，正在转移，哪个国家有更好的机制、更开放的政策，哪个国家就会崛起成为最大的国家，不在乎人口多少。因为以后的生产方式不需要人或者需要很少的人，我们已经逐步实现了一点点人工智能的生产方式。

“我举个例子，我们在非洲的实验室做了一种简单的人工智能，还不是完全的人工智能，以前我们非洲一个工程师一天能设计4个站点，现在变成一天能设计1200个站点。我们前年减少了1万多个工程师，因为不需要这么多工程师了。所以，人类社会未来的发展越来越有利于高文化、高素质、各种条件好的这种国家，人口逐渐不是优势了。当人工智能出现升华以后，现在西方国家不能解决的社会福利问题、工会问题、罢工问题，以后是机器人，不会罢工的，只要给电就行了，那么西方这些问题就解决了。真正能实现人工智能，大规模的工业就会转向西方发展；完全不能实现人工智能的生产方式，可能就往东南亚这些人工成本低的国家发展；中国正面临着‘夹心饼’中间这一层，中国往何处去，现在是一个极大挑战，不是人口红利就能解决中国未来的发展问题。我们在这两者中怎么能生存下来，我们也不知道。”

任正非认为外界对于华为还是有些神化和夸大了，这对于华为来说有可能会是一场灾难，因为华为的危机和痛苦还没有被人发现，华为所面临的各种问题也被其他人忽视了。对于这些，华为人应当保持清醒的头脑和认知，要避免在骄傲和夸大中懈怠，避免被泡沫化的形势遮掩目光。

2013年，华为公司播出一条广告：华为供应链物流经理在印度尼西亚的加里曼丹岛上考察新项目，岛上的路况非常差，前行的汽车接二连三地深陷泥沼中，考察者不得不频频下车，在泥水和汗水中亲自清除障碍。这个广告更像是一部纪录片，但显然更具深意，华为公司通过这条广告暗喻了华为国际化攻坚之路困难重重，而这刚好迎合了广告的主题——“下一个倒下的会不会是华为”。

正是出于对华为发展的担忧，任正非始终都认为丛林法则非常适合华为，可以督促华为在未来变得更强，并避免被淘汰出局。这种强烈的危机感又使得他认为这一法则应该用于内部的管理，华为不仅需要将目光放在市场上，放在一个充满竞争的时代背景下进行考量，并对自己的发展状况和未来进行仔细的分析和规划，而且还要强化内部竞争，提升内部的活力。所以市场上的末位淘汰原则又成了内部末位淘汰文化的基础。

在创业初期和中期，任正非就一直在说自己每一天都在思考华为的危机问题，而且这个危机一定会到来。到了现在，他仍旧提醒所有华为人目前所面临的困境。这种危机感并不是任正非个人的，而是所有华为人都要接受和理解的；这种危机感也不仅仅是宏观上的一种文化体现，对于每一个华为人来说，这是各自工作的一个主旋律。华为内部一直存在优胜劣汰的发展模式，每一个员工都要保持强烈的竞争意识和危机感，否则很容易在竞争中淘汰出局，尤其是中层管理者，几乎每年都有10%的中层管理者会被调离岗位，变成普通员工。掉队的管理者会进入干部后备队学习营，脱产进行再学习和改造。3个月后，如果考试仍旧不合格，或者仍旧没有部门录用，那么工资将会下调20%，然后继续脱产学习；如果还不合格，工资会继续下调。不仅如此，华为的干部平均年龄正在趋于年轻化，更多的年轻人将会替代那些年长的管理者。很显然，在这些制度中，任正非正在展开一个更大的布局，这些布局往往会让所有华为人感受到无处不在的压力，并在压力下养成奋斗和竞争的习惯。

其实，这些年任正非一直都在谈论的话题就是“员工工作积极性下降”，而这也是一个事实。尤其是当华为进军国际市场之后，员工的待遇不断提升，这个时候员工消极懈怠的情绪开始出现，很多老员工开始找借口留在国内，不希望出国；还有一些人认为华为的工作就是一个“铁饭碗”，自己不用太努力也能留在公司养老。对此，任正非多次表示每隔一段时间就会淘汰一批人，而且华为不会给任何人提供养老金，除了依靠个人的奋斗挣钱，别无他法。

不仅如此，华为开始加大考核力度，坚持以有效增长、利润、现金流、提高人均效益为起点的考核，对于那些无法达到公司人均效益提升改进平均线以上的负责人和各片区、部门、产品线、代表处的一把手，公司会采取问责制。对于那些超越平均线的部门，公司会按照正利润、正现金流、战略目标的实现情况进行排序，对那些排名最后的管理者实施末位淘汰的制度。

即便是在特殊时期，华为也没有放弃这个淘汰制度。2019年1月18日，任正非接连签署了〔2019〕006号文件和〔2019〕007号文件，这两份文件都是任正非自己的谈话。谈话的内容还是涉及内部的优化。任正非认为在未来几年，整体的发展形势是好的，但是应该没有那么顺利，所有华为人需要做好过苦日子的准备，即便华为在5G领域一枝独秀，但已经无法像4G时代那样势如破竹。5G的突破口和利益增长点或许不会成片地铺展开来，而是会在不同的点上寻求突破。而华为的现实情况是，经过30年的扩张，整个公司有18

万人需要养活，需要获得发展的机会，每一年的工资、薪酬、分红已经超过了300亿美元，这样的开支意味着所有华为人都需要提高产量，需要创造更大的价值。如果无法做到这一点，那么就不得不放弃一部分工作，放弃一部分表现平庸的员工，从而降低人力成本。

而华为手机的负责人余承东也站出来这样说过："队伍建设是能力构筑的关键。我们要用世界上一切优势的资源、一切先进的工具和方法，以及一切优秀的人，成为领先者。用人上，精兵战略是我们不变的方向，聚焦结果导向，干得好的给予快速提拔，不合适的人员坚决淘汰，用优秀的人吸引更多优秀的人，队伍组织越来越精悍。带兵打仗的干部们要有学习能力和开拓能力，对行业有深刻理解洞察，把握好作战方向。管理上，必须责任清晰，减少汇报层级，同时不断完善流程IT支撑体系，保障流程运作简洁，业务高效运营。人才吸引上，我们强调人才工程是一把手工程，各级主管要开放胸怀，提升格局视野，充分认识到人才争夺的重要性和紧迫性，对组建优秀团队和构筑核心能力担责。面向关键领域，我们要在人才高地布局能力中心，重点引入顶尖人才，要让'业务明白人'去判断人才的专业价值。终端这几年的高速发展，也得益于公司各兄弟部门每年输送上千名管理者、专家至终端全球各个领域建功立业。"

华为高管接二连三地在内部发声，使得所有人都嗅到了危机的来临。很显然，在华为被美国特别对待的时代背景下，所有华为人需要表现出更大的动力，拿出更好的表现，才能从危机中顺利走出来。同时所有华为人也都明白，自己同样面临着激烈的竞争，因为华为需要表现更好的那一位来维护自己的市场份额，提升自己的市场竞争力，一旦员工做得不好就会被替换，被其他更出色的人顶上。

就像阿里巴巴的创始人马云所说的那样："当你想要放弃了，一定要想想那些睡得比你晚、起得比你早、跑得比你卖力、天赋比你还高的牛人，他们早已在晨光中，跑向那个你永远只能眺望的远方。"

艰苦奋斗是成长必需的营养品

2015年，华为公司发布了一则非常好的企业形象广告，整则广告讲述的是芭蕾舞演员的双脚。画面中一只脚穿着光鲜的鞋子，给人以柔美感、力量感，向所有人展示出芭蕾舞演员的形体魅力；而另一只脚则真实地呈现在画面上，展示出来的是绷带、变形的脚掌和脚趾及伤痕累累的肢体。这种强烈的对比让整则广告显得更有层次，也更具冲击力。不仅如此，为了描述广告的主题，广告还配有一段文字：我们的人生，痛，并快乐着。

这张图片实际上来自美国著名摄影艺术家亨利·路特威勒的作品，任正非第一眼看到这张图片时就受到了很大的触动，认为这就是华为的真实写照。看过这则广告的人都会为里面的内容而震撼，而华为之所以发布这样的广告，其实就是在强化一个事实：华为虽然发展迅速，表现得非常光鲜，但实际上所有光鲜的背后都充满了血泪和牺牲，充满了艰苦奋斗，华为的成功就是一部血泪奋斗史。

如果对华为的发展进行分析，就会发现华为多年来一直都在强调艰苦奋斗的文化，艰苦奋斗几乎成了华为人身上最明显的标签，这个标签伴随着一代又一代华为人的成长。在华为，有一个著名的《奋斗者协议》，员工可以自主决定是否与公司签署这一个协议，签订协议之后，就意味着员工需要主动放弃带薪年休和法定假期，也意味着将会免费为公司加班及自愿买断工龄，而这样做的唯一回报就是确保自己的考核成绩符合规定，可以在工作出色时获得相关的分红与股份分配。从某种意义上来说，这是一个要求员工为公司卖命的合同，但事实上很多员工都希望主动和公司签署这样的协议，他们更加希望自己能够在艰苦的环境中坚守下去，更希望自己可以在奋斗中获得进步。

在华为处于低谷的时候，艰苦奋斗的口号让所有华为人变成了一股巨大的力量，推动公司走出困境；而当公司逐渐发展壮大起来后，任正非仍旧希望大家能保留艰苦奋斗的文化传统，以奋斗者的心态来面对未来的发展之路。而事实上，华为在发展壮大之后也面临着一些问题，其中一个问题就是员工的积极性正在下降，他们不再像过去那样热衷于在一些艰苦的地区工作，甚至不想出国工作。

当时很多人提到了一个专有名词：精神离职。精神离职是一个比较新颖的概念，但其实很多管理者早就注意到了它的存在。所谓的精神离职者往往会表现出工作上的消极态度，这种人虽然一直待在工作岗位上，而且每天都会按时上下班，每天都会听从指令办事，但他们的工作状态不佳，甚至根本不在工作状态上。平时在工作中应付了事，对挖掘工作本质没什么兴趣；不喜欢与同事合作，经常独来独往，缺乏交流；虽然会听从指令，但行动非常缓慢，还经常走神。精神离职的人不会对工作投入太多，一般只能发挥出正常能力的1/3。

在华为，有很多人都出现了“精神离职”的倾向，他们在工作中越来越消极，这与之前艰苦奋斗的状态相去甚远，公司不得不调整规则，一方面提升了海外员工的待遇，尤其是那些前往艰苦地区工作的员工，更容易获得高工资和高职位；另一方面，公司认为那些没有前往艰苦地区的人更容易被其他人取代和淘汰。这样做的目的就是为了激发员工的状态，提升员工的工作积极性。

还有一些员工认为华为已经不需要借助艰苦奋斗的文化，认为华为的奋斗文化已经无法迎合时代的发展了，任正非站出来反驳：“华为走到今天，在很多人眼里看来已经很大了、成功了。有人认为创业时期形成的‘垫子文化’、奋斗文化已经不合适了，可以放松一些，可以按部就班，这是危险的。繁荣的背后，都充满危机，这个危机不是繁荣本身必然的特性，而是处在繁荣包围中的人的意识。艰苦奋斗必然带来繁荣，繁荣后不再艰苦奋斗，必然丢失繁荣。‘千古兴亡多少事，不尽长江滚滚流’，历史是一面镜子，它给了我们多么深刻的启示。我们还必须长期坚持艰苦奋斗，否则就会走向消亡。当然，奋斗更重要的是思想上的艰苦奋斗，时刻保持危机感，面对成绩保持清醒头脑，不骄不躁。”

为了让员工重新拾起艰苦奋斗的文化，为了确保艰苦奋斗的文化基因能够继续传承下去，任正非做了两点改变。首先，2018年7月1日，为了鼓励远在卢旺达工作的华为员工，任正非特意飞往卢旺达开了一次座谈会，当时他在会议上深情地表示："我们为什么要在艰苦的地区、艰苦的国家奋斗呢？我们是履行我们为全人类服务的承诺，我们立志'把数字世界带入每个人、每个家庭、每个组织，构建万物互联的智能世界'。为了履行这个承诺，我们无论在人迹罕至的高山、荒漠，无论在疾病流行、战火纷飞的地区……任何有人的地方都有华为的员工。我们不要怕一些人嘀嘀咕咕，我们是在造福人类，而不是威胁社会。他们心胸狭窄，不要与他们计较，影响了我们为人类服务的理想的前行。"在这里，艰苦奋斗的文化已经被任正非拔高到一个服务客户的高层次，成了服务社会的崇高理念，而这种崇高的理念可以帮助员工强化自己的价值观。

其次，任正非想方设法改变过去那种加班制度，给予员工更多的合理假期。比如，对于艰苦奋斗，任正非有一句戏言："为了这公司，你看我这身体，什么糖尿病、高血压、颈椎病都有了，你们身体这么好，还不好好干？"当然，任正非并不是真正鼓励员工无限制地加班。在一次内部讨论中，他对所有人强调："在公司确定以奋斗者为本的时候，就要想到有人会累垮，我担心我们以奋斗者为本的文化没有一个出口，员工会累坏的。因为他不想放弃利益，于是拼呀拼呀，然后有一天弹簧被压得过头了，就弹不回来了，我觉得这会是个问题。"

针对员工过度疲劳的问题，任正非亲自下达了限制加班的命令，一般情况下，不准员工加班超过晚上11点。此外，公司每次完成一个较大的项目，就会安排参与项目的员工休假，而且几乎是强制性的。更多的假期安排实际上就是为了让艰苦奋斗从单纯的大量时间输出变成更高效的价值输出。比如，有一段时间，华为一直坚持一周6天工作制，然后是5天半工作制，之后变成了两周一大休一小休，最后是一个月只有一周是6天工作制。很显然，任正非认为艰苦奋斗并不是拼命，而是一种工作态度。

显而易见，任正非认为艰苦奋斗是华为公司及所有华为人成长的必备品，是所有华为人证明自身价值的关键，这样的文化是绝对不能放弃和遗失的。因此公司有必要想办法继续刺激和保留这种文化，有必要让这种文化基因获得传承并不断丰富它的内涵。

实现全方位布局，不轻易让出潜在的市场

在手机业务方面，华为算得上是后起之秀，不仅仅是在国际市场，即便是在国内市场上，华为手机的起步也要晚于其他一些知名手机品牌，但是华为很好地把握住了手机业务发展的风口，并且在短时间内获得了巨大的发展。对于如今这家手机出货量成为世界第二，并且期待着冲击第一宝座的企业来说，一切都发展得太快了。

不仅如此，如今当人们谈论起华为的手机时，大家往往会想到P20、P30、Mate系列这些高端手机，无论是从手机的设计、性能、价格、质量，还是体验感来说，它们都称得上是高端产品。也正因为如此，华为手机尤其是独立出来的“荣耀”品牌，成了大家心目中的一个高端品牌。

不过认真回顾华为手机的发展历史就知道，自从2004年开始做

手机以来，差不多10年的时间里，华为都是在手机低端市场滚打，真正的高端机型还是2014年发布的第一款高端旗舰机型——华为mate7。严格来说，这也是中国第一款自主研发的高端手机。虽然是第一款高端手机，但还是获得了700万销量的突出成绩。在这之后，华为的高端手机越做越好，并且成功进入国际市场，与苹果手机及三星手机等高端品牌竞争。

当华为的荣耀品牌越做越大时，人们纷纷猜测华为即将放弃中低端的市场，开始主攻高端市场，以打造高端品牌来提升自己的品牌档次及形象。从其他企业的发展情况来看，往往也会严格按照这样的模式发展，毕竟高端品牌的市场吸引力更大，对于品牌形象的培养和建立也更有帮助，尤其是华为这样在国际市场上有着重大影响力的企业，需要借助高端的形象更上一层楼。

但华为人否决了这样的发展思路，他们仍旧主张在开辟高端市场的时候，不放弃中低端市场，不放弃中低端手机业务，甚至还在一些乡村地区推广功能机。而这样做的理由很简单，中低端手机也是有利可图的。虽然高端手机越来越受欢迎，但是中低端手机在不发达或者欠发达的地方还是有一定市场的，华为不能放弃这些市场。另外一点和华为人的生存文化直接相关，那就是华为人始终认为自己需要脚踏实地，防备其他竞争对手在中低端市场发起挑战，并且要借助中低端市场实现崛起。正如任正非所说："我们现在是针尖战略，聚焦全力往前攻，我很担心一点，脑袋钻进去了，屁股还露在外面。如果低端产品让别人占据了市场，有可能就培育了潜在的竞争对手，将来高端市场也会受到影响。华为就是从低端聚集了能量，才能进入高端的，别人怎么不能重复走我们的道路呢？”像国内的小米手机就非常注重开拓低端市场，很多千元以下的红米手机在农村地区非常流行，而这成了支撑小米手机业务扩张的一个重要保障。

对华为来说，对高中低端市场的全局性把握是一个进可攻、退可守的策略。如果在高端市场进一步获得了成功，那么华为完全可以加大力度开发高端市场；如果在高端市场遭遇阻力和失败，华为也可以退回到中低端市场重新积蓄力量。尽管有很多人觉得华为的担心是多余的，但是在多变的市场环境中，华为觉得这些事情是很有可能发生的。比如，最近几年的苹果手机就是如此，由于创新能力问题，加上价格策略，市场对于苹果公司渐渐失去了耐心，而这对于主打高端产品的苹果来说非常致命，一旦没有人买它的高端手机，它就会迅速从这一领域衰落。

正因为如此，华为一直都坚持“一手抓中高端市场，一手抓低端市场”的策略。对华为人来说，这是确保华为走向成功的一个保障。比如，在2016年上半年，华为就发行了三个不同档次的手机，其中G系列、Y系列和荣耀系列中那些199美元以下的手机属于低端产品；价格为199~399美元的G+系列和荣耀系列是中端产品；价格高于399美元的Mate系列和P系列属于高端产品。这几款不同档次的手机确保华为在不同层次的市场上都具有影响力。

任正非认为华为手机想要在出货量上击败三星，那么不能轻易放弃中低端市场，尤其是对一些低端市场更要加大宣传力度，不过对于一些盈利不足或者没有盈利空间的低端市场，华为也会选择性放弃。随着手机市场的饱和及竞争的日益激烈，手机的终端市场乃至高端市场迟早都会成为红海，在这样的大背景下，华为并不清楚自己是否可以继续在高端市场保持强大的增长速度，这个时候保持低端市场的影响力非常有必要。在过去几年时间里，华为的手机出货量一直在稳步增长，而其中每一年的低端市场都为华为提供了几千万台手机的出货量，这样的量对于华为来说非常重要。

还有一点非常重要，那就是华为在拓展中端手机及低端手机业务的时候，拥有强大的网络优势，依靠着自己在通信设备领域内的强大实力，华为可以为产品提供交换网络、传输网络、无线及有线固定接入网络和数据通信网络，华为所提供的一些硬件设备、软件、服务和解决方案都对客户有着很大的吸引力。在这样的技术优势下，华为在低端市场的生存能力非常强大，业务扩张能力也比其他手机品牌要强一些。正因为如此，华为完全可以放心地在低端市场上表现得更加积极一些。

廉洁务实，防止堡垒从内部被攻破

在华为刊登出的一则广告中，使用过著名院士李小文先生的一张照片。之所以使用这张照片，就是因为华为非常看重李小文先生坚守、朴素和执着的个性，这些正是华为一直都在强调和追求的特质。而李小文院士在得知华为想要这张照片的时候，对亲自上门商讨照片版权的华为副总裁非常热情，并且拒绝接受任何版权费，他愿意将照片免费给华为打广告，李小文院士认为华为的坚守和朴素也是自己看中的。在得知这件事后，任正非非常感动，当即写下了这样一句话："华为坚持什么精神？就是真心向李小文学习。"在任正非看来，华为人如果拥有这样朴素、认真、清廉的精神，那么公司就可以获得更好的发展。

1998年，任正非在公司内部发表了一个题为《不做昙花一现的英雄》的重要演说。其间，他说了这样一段话：“过去十年来，大量干部被提拔上来，对干部的情况不甚了解，个人的履历可能由于种种原因有不真实的地方，家庭成员的情况也可能有变化，现在我们要求干部在这些地方加强透明度。你可以放弃对公司的透明度，而公司也可以剥夺你做干部的权利。在这个工作中，我们一定要尊重、相信干部个人对这个问题的陈述，这种陈述也是个人对企业的承诺，这种承诺我们是可以理解的。

“我们还要清理腐化的干部，绝不允许存在不良的现象。当然我们要重证据，尊重本人的申诉，宁可信其无，不愿信其有，我们的目的是让人改正。对干部的管理，一是要让其自我约束，二是公司进行约束。

“华为公司不是生活在真空，社会上很多东西也会反映到公司中来。公司这么多年来，如果不进行各种管理，任其自由发展，就不可能成为一个好公司。公司理解在发展过程中存在这样那样的历史情况，我们希望大家对此能有个正确的陈述。大家在这个问题上要宁右勿左，不要把公司弄乱了，而是要让员工得到正确的人生观教育。”

任正非不喜欢华为人只做昙花一现的英雄，他建议所有华为人必须在工作中时刻保持警惕，避免自己出现沾沾自喜、骄傲自满、贪污腐化、消极工作等情况。针对华为获得的成就，任正非曾经连续提出了多个问题：“面对国内外可能越来越多的善意的宣传，我们是否会沾沾自喜，在我们队伍中是否会滋生一些不良的浅薄的习气？华为人的自豪是否会挂在脸上？凭什么自豪？华为人能否持续自豪？我们前进的道路是越来越宽广，还是越来越困难？‘木秀于林，风必摧之’。我们越发展，竞争对手实力越强，竞争就越困难。我们要有长期在思想上艰苦奋斗的准备。持续不断地与困难做斗争之后，会是一场迅猛的发展。这种迅猛的发展，会不会使我们的管理断裂？会不会使志得意满的华为人手忙脚乱，不能冷静系统地处理重大问题，从而导致公司的灭亡？事实上，摆在我们面前的任务和使命，比以前我们重技术、重销售的时代更加重大而艰难，要全面地建设和管理我们的事业的艰难度要远远大于以前，这就要求我们干部要更快地成熟起来。”

任正非一直都主张艰苦奋斗的精神，一直都期待大家保持朴素的工作作风和生活作风，而他自己也是一个廉洁的好榜样。比如，许多公司老总都配有司机，而任正非却没有专职的司机。在他看来，如果自己有司机，那么董事长就要配一个司机；当董事长有专门的司机之后，下面的高层干部也就有了配司机的想法。而对于整个公司来说，配得上司机的干部实在太多了，这会是一笔巨大的开支，也许要好几千人的队伍。而对于那些小干部和基层管理人员来说，他们可能也会产生类似的心理，否则就会失去工作的积极性。这个时候，华为也许就会变成一个车队公司了。

为了防止内部出现腐败的情况，任正非一直都在坚持保持廉洁务实的态度，出门经常打的、坐公交和地铁，就连坐飞机也是选择经济舱。还有一件事让人敬佩，任正非多年来一直都在坚持将自己每个月的电话费清单打印出来，然后他会专门花费时间在一大堆毛线团一样的清单中找出哪些是私人电话。对于他来说，打给家人的或者和工作无关的电话，是绝对不能交给公司报销的。而这样的习惯他一直都在坚持，虽然他没有要求其他人也这样做，但是很多高层干部都对他由衷地钦佩。许多人都认为任正非掌管着一个年收入达到1000亿美元的大公司，何必为了区区几块钱的电话费而小题大做，但是在他看来工作中一定要做到公私分明，绝对不能以公家的名义为自己的私人花费打掩护。

从这些细节就可以看出任正非对于廉洁的重视。对他来说，腐败往往都是从一些小事情开始的。当然，思想上的腐败、消极和堕落也是腐败的根源。华为高级管理顾问吴春波教授谈过有关腐败的问题，他认为随着华为的不断成长及成功，很多不好的现象开始出现。从组织层面上来说，组织经营规模不断扩大，管理复杂程度开始增加，这就导致内部出现流程僵化、信息传输受阻、协作效率偏低等状况。从个人层面来说，员工开始出现安于现状、不思进取的情况，很多人为了明哲保身，变得唯领导是从，并且对相关问题采取置身事外的态度，在工作中经常推卸责任，逃避义务，对客户的服务也不到位。当类似的情况出现之后，腐败行为就会不可避免地发生。

“华为曾总结出18种腐败行为，华为定义的‘腐败’有两层含义，其中包括广义的腐败——‘懈怠’。任正非在3月份提出了华为要三个‘祛除’：一要祛除平庸；二要祛除懈怠；三要祛除南郭先生。其实这些现象不仅在华为存在，在其他企业也同样存在。区别在于华为能够通过自我批判正视这些问题，并着手解决这些问题。

“从另一个方面看，随着大量新员工的进入，员工的代际结构发生了巨大的变化。新员工还能认同当年创业的文化吗？他们进来了会否污染华为的文化？会否稀释华为的文化？会否背叛华为的文化？华为的狼性是否产生基因变异？从大灰狼会否变成喜羊羊？把大灰狼变成喜羊羊特别容易，符合人性，从山上往下走很轻松；而把喜羊羊变成大灰狼很难，不符合人性，是抱着石头上山。”

吴春波教授的话实际上代表了整个华为高层团队对内部腐败的一些认知和关注。在他们看来，随着企业的发展、待遇的提升及内部地位的提升，很多老员工可能会丧失工作动力，失去对客户的尊重及最初的坚守和原则。而公司要做的就是推行廉洁文化，帮助员工培养正确的人生观和价值观，让员工养成自律廉洁的工作习惯，以最大的热情投入到工作当中。

华为要成为最好的那一家公司

一直以来，华为及任正非都给人一种低调的感觉，在面对外界的评价时，他总是显得非常理性和谨慎；在面对激烈的竞争时，他总是拿出强烈的危机感来应对；在面对接二连三的成功时，他又表现得低调而沉稳，强调华为还没有走向成功，还存在诸多问题。

如果说华为在发展的前两个10年，还没有同世界最强大的对手掰腕子的实力，那么在最近一个10年，尤其是最近三四年的时间，华为的发展越来越迅猛，已经展示出了成为世界最好企业的潜质。但任正非及其他华为人很少会站出来高喊“我们要成为世界第一”的口号。

比如，在谈到发展问题时，任正非说过这样一段话：“我们有广阔的心胸，不追求自主创新，只要捆绑世界优秀，组合起来，我们就是最优秀的。捆绑别人的同时，我们自己也要努力，在图像问题上一定要努力做到世界领先。大家要看到，图像对未来信息社会产生的巨大贡献。未来10年信息社会是什么样子？无法想象。就像20年前我们不知道互联网，3~5年前我们不知道移动互联网。未来时代越来越发达，没有大平台，不可能成就大事业。华为公司用30年时间慢跑、紧跑、快跑、拼命跑，终于赶在世界发展的时候，跑到了起跑线。我们参加了起跑，通过努力，将来就有希望领先或者成为第二名、第三名；或者落后，即使落后，也是引领过这个时代的，也很伟大，何况我们可能不是最后一名。”

在这里，任正非强调的是图像问题的领先，但是同过去一样，在关于领先或者“世界第一”之类的话题上，他一直都偏向于保守，或者说更加喜欢低调一些。他曾经坦然地说道：“最近十来年，我们才下定决心要走向世界前列，但不是世界第一，‘第一’是社会上给我们编造的。外界为了互联网的点击率，在描写时都把我们神化了……”为了避免出现自大的情绪，任正非甚至下达过一条特殊的指令，任何华为人只要谈论超越三星、苹果和成为世界第一的话题，都要罚款100元。

按照他的解释，成为世界第一往往也就意味着压力也是世界第一，意味着自己将会失去任何指引和参照，一切都要依靠自己在前面摸索。用他的话说：“现在你们也是高处不胜寒。无线走到这一步了，下一步要怎么走。到底将来我们的技术思想是什么？技术路线是什么？我们假设这个世界是什么？我们假设对了，我们就正确了，可能也就成功了；我们假设错了，那我们可能就会进入类似北电、MOTO一样的衰退期。思科的IP在全世界是独树一帜的，多么先进。它在核心路由器上的一个投资错误就被华为超越了。那你以为华为就不会被别人超越吗？所以我们应该在最好最繁荣的时候讨论华为的崩溃和衰退，也许能找到一条路来。”

不过随着华为的成长和壮大，有关争取世界第一的话题迟早会被提上议事日程，而事实上在5G等领域，华为已经有了这样的资本。看起来任正非似乎一直都在掩饰自己的野心，他只是不希望华为走得太过于艰难，但是无论是进入无人区，还是成为领路人，这都是一个伟大的企业需要经历的。华为不可能一直都跟在别人身后，任正非自然明白这一点，只不过他更希望华为在达到这一程度之前保持更加清醒的头脑和理性的思维。

相比之下，余承东显得更加直接。比如，在2018年9月19日，余承东在与消费者BG内调人才座谈会上说了这样一段话：“第二，有远大追求，我们必须做世界第一的产品，世界第二没人能记住。追求决定高度，要么不进入，一旦进入一个领域，就要成为这个领域的王者。求其上者得其中，求其中者得其下。如果我们没做到NO.1而暂居第二，持之以恒努力迟早都会变成第一。如果我们要求第二，做着做着，就会变成第三、第四，落后太久就会死掉。”

余承东的表达实际上体现了华为日益增长的野心，以及日益增强的自信，这些想法是公司少壮派的一些主流想法，也渐渐成为公司的主流想法，更是慢慢成了华为奋斗文化中的一个重要部分。任正非所倡导的那些低调文化正在发生一些微妙的转变，或者说在某些领域和方面产生了一些变化。比如，在5G领域，华为已经拿到了多个世界第一，任正非在面对美国政府的打压时，说了这样一句话："在最先进的领域，至少5G是绝对不会受影响的，而且不仅不会受影响，别人两三年追不上我们。我们还是具有优势的，但是这个时候我们要谦虚一点。"对于任正非而言，谦虚一点似乎已经无法掩盖整个华为公司对于"世界第一"的热切期盼和追求了。

在谈到芯片研制的时候，任正非谈到了华为人的牺牲精神，谈到了华为在过去30多年所走的艰辛道路，他认为所有的华为人包括自己所做的一切都是为了实现一个远大的理想，这个理想就是站在世界最高点。按照他的原话来说，就是"今天大家的口号又变了，要世界第一"。而这个"要世界第一"，不再像过去那样遮遮掩掩，它成了华为人共同的心声，成了华为公司发展的必然结果。

在实现"世界第一"的伟大理想过程中，华为一直都在承受巨大的竞争压力，这些压力同今天5G受到美国全球绞杀的压力一样，但是华为人并没有放弃对这个理想的追求。

华为人是一群拥有狼性品格的奋斗者

在过去很长一段时间内，华为提倡的是狼性文化，任正非希望所有的华为人能组成一个庞大而配合默契的“狼群”。后来由于狼性文化听上去过于残忍且太具侵略性，不利于企业文化的传播和推广，而且容易对华为的品牌产生一些负面影响，所以任正非授意相关部门将狼性文化的提法改成了奋斗者文化。相比而言，这种说法更加温和，也更加符合华为的发展特征及文化本质。

任正非经常以哲学的、思辨的态度来看待奋斗：“不满乃是生命的特效生命剂，而无损于生命。比如，对饥饿、性欲、运动欲不满，这本身就根本没有什么低调的东西；甚至可以说，不满会激励生命感，就像微小的痛感刺激产生的每个节奏感会加强某些连悲观主义都想向我们兜售的东西。也许人们会把整个快乐感都说成是微小痛苦刺激的节奏。”

他认为欲望是生命强大起来的第一推动力，所以一直都在积极鼓励员工勇敢地追求自己的目标。其中，任正非经常扮演一个造梦者的角色，他的目的就是为了帮助所有员工积极主动地追求心中所想，并且要敢于想别人不敢去想的事情。所以他也希望所有员工保持高度紧张的状态，华为要满足员工的物质需求和精神需求，为员工提供一个自我实现的平台。而且任正非从来不会避讳谈论欲望，比如说谈钱，他觉得钱就是最直接的动力来源，而且他也积极鼓励员工多挣钱。就像他说的那样，公司里可以有活雷锋，但是活雷锋也需要挣钱，公司也要让他们的物质需求获得满足，不能让他们饿着肚子创造价值。

在华为的心声社区或者其他一些网站上，一些匿名的华为员工也经常会谈到自己的梦想和愿望。

有一个进入华为刚刚3年的员工，他一年之内就挣到了过去在其他公司4年的工资，而且接下来还会上涨。对他来说，挣到更多的钱就是自己加入华为的理由，就是自己接受加班加点的前提。他希望自己在被公司淘汰之前，能够买得起深圳的一套房子，并且拥有一大笔存款，这样就能够为今后的家庭开支做好物质准备。

有一个高才生还没有从大学毕业就被华为公司录用了，面对接下来每年最低25万元的工资及10万元左右的奖金，他承认自己比其他同学更有优越感，他甚至觉得“华为人”的身份有助于帮助自己带来稳定的感情。

一个网友则晒出了几家不同公司同时发来的录用通知，他打算选择华为，因为华为开的工资是最高的，奖金也是最高的，他根本不想错过这样的公司。

另外一个人是海归，曾经在谷歌公司和微软公司工作过，工作履历非常辉煌，但是在2019年开始，他将目光瞄准了华为。原因很简单，他希望自己强大的技术能力和在国外大公司工作的经历可以为自己争取一个更好的发展平台。

这些人之所以选择华为，就是因为华为能够满足他们所拥有的成长愿望和野心，能够让他们的欲望变成现实。而有很多公司一味地和员工谈论价值观，一味地和员工讨论奉献精神和自我实现，却从来没有注意去激发员工的野心，也没有想过先满足员工的欲望。任正非说过，华为必须成为一家人性化的公司，而一家人性化的公司就需要理解和尊重员工的需求，想办法鼓励员工去追求更多及更高的需求。

有位离职的华为高管在谈到华为内部的激励措施时，认为华为总是鼓励员工去吃肉，他们会预先送上一大块肥肉，等到员工尝到了肉味，就会想办法去获取更多的肉。如果有机会带领员工吃到肉，那么华为是绝对不会让员工喝汤的。

在过去很长一段时间内，华为的海外员工的工作积极性是最高的。原因很简单，因为华为的海外员工待遇最高，无论是工资水平还是升职空间都是最好的，所以一开始有很多人都想方设法前往海外市场。但随着国内工资水平的提升，很多老员工前往国外的积极性变低了，于是华为公司又设置了一系列新的刺激措施。

在国内，有很多大企业都非常重视物质奖励和欲望刺激，他们认为钱虽然不是万能的，但是能真正激发员工奋斗的欲望和潜力，而华为就是其中的佼佼者。如果华为打算推进某个项目，或者想要完成某一项新技术的研发，那么往往很快就可以完成，因为会有一大批研发者冲着奖金而努力奋斗，会有一大批人想着如何去抓住机会。

从某种意义上来说，欲望的激发和控制构成了华为的发展史，而在这方面任正非重点谈到了华为的一些激励措施，他认为正是因为自己抓住了华为人的5个欲望，才使得华为获得最终的成功。而这5个欲望指的是：物质的饥饿感、安全感、成长的愿望与野心、成就感、使命主义。其中物质的饥饿感是前提，之后的几种欲望是随着个人层次的提升而逐步提升的。华为企业文化中并没有回避这些东西，反而以非常完善的制度和价值观来引导每一个华为人，反而以文本的形式来真正保障所有奋斗者的合法权益，而这些本身又在强化和激发员工对于自身欲望的追求。

就像余承东一样，当他向任正非许诺要让华为手机成为世界上出货量最大、最受欢迎，也最具竞争力的手机时，任正非就放手让他去做，想尽办法包容对方的失误，并且成全对方想要创造一番伟业的决心。事实证明了余承东敢想敢干，而任正非敢于包容，这样才使得华为手机逐渐成为世界上最好的手机品牌。

可以说，狼性品格是华为企业文化中一个不可或缺的组成部分，也是整个企业文化中最鲜明的一个特点。正是因为拥有强大的欲望及在欲望刺激下的强大执行力，他们才能够在市场上做到勇者无惧。

第六章

华为的管理方式与内部的管理文化

打造一个强大的自由王国

任正非一直以来都非常喜欢谷歌公司，并且对这家公司充满了敬意，他认为谷歌公司是世界上最伟大的公司。有人曾对比谷歌公司和华为公司，偶然间发现谷歌公司的销售额与华为的销售额其实相差不大，不过在利润方面，谷歌公司明显高出一筹。在一个更加看重利润而非营收的年代，谷歌的生存能力似乎要比华为更强一些，竞争力也要更强一些。

那么谷歌公司的利润为什么会这么高呢？在了解这个问题之前，可以对谷歌公司的一些运作数据进行解读：假如谷歌公司90%的人突然被开除，那么整个公司的利润总额也许只下降了1%。不仅如此，剩下的10%的人哪怕1个月不去上班，谷歌公司依然具有强大的盈利能力。

一家公司开除90%的人，而且剩余的人一个月不上班，这样的情况对于任何一家公司来说几乎会是灭顶之灾，但是谷歌是例外。原因很简单，因为谷歌只需要依靠少数精英就能够拓展财路，而这些盈利包含了大量的广告业务及安卓系统的专利费用。正因为盈利丰厚，谷歌公司的人在工作中相对自由一些，内部的工作模式、管理模式、决策模式都比较宽松自由，员工可以自由安排自己的工作时间和工作模式，可以按照自己的意愿进行工作。他们即便长时间不奋斗，也能过得很滋润，但是对于华为公司及其他公司来说，这样的情况显然不可能发生。

谷歌的这种自由状态似乎是很多公司都梦寐以求的，而它也和任正非强调的“自由王国”的概念非常相近。任正非曾经依据《华为基本法》的内容提出了两个概念：“必然王国”和“自由王国”。其中，“必然王国”主要是指人们在大自然或者社会环境中的一种无力状态，由于对社会规律的认知能力有限，思维和行为都受到各种束缚；而“自由王国”恰恰相反，它指的是人们能够支配自然界或者社会的一种状态，在自由王国中，人们的主观能动性更强大，人们对于自己想要做的事情拥有更大的支配权。

在华为公司所畅想的自由王国中，公司必须保持一种更为合理的管理模式，从而顺利摆脱对技术、人才、资金的依赖，并确保价值体系的合理与完善，确保内部的管理更加顺畅、更加合理，让人才、技术、资金等要素发挥出最大的效用。对此，任正非给出的解释是打造一种无生命的管理，管理者不再像过去一样掌控一切，员工更多地需要进行自我管理、自我控制、自我安排、自我调节、自我引导、自我追求，简单来说就是管理上的去中心化。按照任正非的话说，“我相信这些无生命的管理，会随着我们一代又一代的人死去而更加丰富、完善。几千年以后，不是几十年，这些无生命的管理体系就会更加完善，同时又充满活力，这就是企业的生命”。

那么该如何实现这种无生命的管理状态呢？最简单的做法就是打造良好的企业文化，运用企业文化来管理和引导内部的运作，减少管理者无端的干预，就像蜂群中的蜂王一样，完全没有必要下达任何具体的指令。在这个过程中，分权和授权成为一个基本形式，无论是对事负责制的推行，还是将决策权往一线转移，又或者是制定分权结构和制度，其目的都是为了营造一种“全民皆兵，共同决策”的氛围。

任正非认为一个优秀的自由的企业应该是充满扩张力量的，但是这种扩张是有限度的，每一个人都知道自己该做什么、能做什么及应该怎样去做。在很多时候，员工可以按照自己的想法行事，可以自主做出决策，可以更合理地将自己的想法与公司的发展目标结合在一起。而分权的模式可以让更多的员工参与到管理中，深刻地体验到自己就是华为公司的一分子。

当然，更重要的一点是，华为必须激发出每一个人的热情，必须确保所有的华为人可以在一个快乐的、满足的、有成就感的企业文化中工作，让他们可以实现自己的价值，时刻对工作充满激情。除了物质奖励之外，华为想尽办法为每一个员工提供最合适的发展平台，并且注重培养员工的品性。在华为公司，加班几乎是一个必修课，但多数员工并不反对加班，他们可以从加班中获得更高的工资，也可以创造更多的价值。事实上，很多公司的加班文化都在起相反的作用，但在华为公司，人们似乎并没有这样的担忧和恐惧。有人做过分析，华为公司的跳槽率在整个行业中都是非常低的，尽管工作很累、压力很大，但是多数人都不认为自己应该离开华为。

很显然，当一个公司能够依赖强大的文化来引导员工自主行动，并激发出员工自主行动的强大动力时，整个团队会变得更加高效，整个公司将会变得更加团结且具备竞争力，这样的公司才会进步，才会从必然王国走向自由王国，然后开始新的循环。

锻造灰色的包容的文化特质和思维特质

任正非对于灰色的理解非常深刻，他对自己的管理和领导方式有着与他人不一样的看法：“一个领导人重要的素质是方向、节奏。他的水平就是合适的灰度。坚定不移的正确方向来自灰度、妥协与宽容。清晰方向是在混沌中产生的，是从灰色中脱颖而出的，方向是随时间与空间而变的。它常常又会变得不清晰，并不是非白即黑、非此即彼。”在他看来，这种灰色的模式不仅要出现在管理者身上，还应该成为整个公司的企业文化之一，华为想要获得发展，想要吸纳更多出色的理论，想要获得更大的弹性，想要变得更加开放，就需要包容更多的思想和思维及各种不同类型的人才。

正如任正非所解释的那样，“华为文化不是具体的东西，不是数学公式，也不是方程式，它没有边界。也不能说华为文化的定义是什么，它是模糊的。正因为模糊，才不会受到太多的约束和反对，才能够给奋斗者带来更多施展的空间”。

任正非还特意举了一个例子，“华为有个心声社区，外面的人都可以以游客的身份访问，公司员工也可以匿名发表不同的看法。有些不是反对意见，是对事情的认识，可能比我们还深刻。反对的人，也许是有真知灼见的天才，容忍反对，才会人才辈出”。

不仅如此，任正非还建议所有的华为人要去包容那些“异类”：“公司要宽容‘歪瓜裂枣’的奇思异想，以前一说‘歪瓜裂枣’，就把‘裂’写成劣等的‘劣’。你们搞错了，枣是裂的最甜，瓜是歪的最甜。他们虽然不被大家看好，但我们从战略眼光上看好这些人。今天我们重新看王国维、李鸿章，实际上他们就是历史的‘歪瓜裂枣’。我们要理解这些‘歪瓜裂枣’，并支持他们，他们可能超前了时代，令人不可理解。你怎么知道他们就不是这个时代的凡·高、这个时代的贝多芬、未来的谷歌？”

在华为总部，有一个湖叫作天鹅湖，里面养了好多天鹅，并且华为花很高的价钱从国外购买了8只黑天鹅回来。按照任正非的说法，华为应当允许黑天鹅（异类）的存在，应该积极主动地为黑天鹅提供更优良的环境，争取将黑天鹅变成白天鹅。这样的举动暗含了华为公司的包容文化，暗含了华为人独特的管理思维。

还有一点也很重要，许多公司喜欢招收年轻人，却很少任用年轻人担任要职。在他们眼中，年轻就意味着缺乏经验，意味着冲动。但是华为并没有这么想，在通信行业，技术优势非常重要，而年轻人对于新技术的掌握能力更好，他们在工作中也更加富有冲劲，因此非常适合担任一些重要职务。这些年，华为一直都在想办法保证自己越来越年轻化，这样才能确保内部的创新活力。据统计，华为市场部的领导者中高达41.4%的人都是30岁出头的年轻人。这些人虽然年轻，但是管理着10亿元，甚至100亿元的业务。而在研发队伍中，年轻人的比例更高，“80后”的比例达到了70%之多。任正非并不会刻意压制年轻人的冲劲和欲望。

这种包容不仅具有对内的特性，还体现为对竞争对手的包容。比如，最近两年，当华为因为5G问题而遭到美国的打压时，很多人都建议中国对美国公司动手进行报复，但是任正非对此表现得非常大度，他对外宣称自己的孩子就在使用苹果手机，而且他本人也认为苹果手机有很多技术优势。“我们全家都是乔布斯的粉丝，除了我以外，我们家过去都使用乔布斯的产品。乔布斯去世的时候，我小女儿还主持我们开了一个追悼会，为乔布斯默哀一分钟。所以我们家是很认同乔布斯的，乔布斯为人类社会推进了移动互联网，使互联网变得更加发达了，改变了人类社会，是一个伟大的人。至于我走向前台，可能是公共关系部在利用我，因为他们考虑可能要打赢外面的媒体，就利用我过去不怎么露面，说‘你来露面大家感兴趣’，把我骗上了台。最初露面是他们把我骗去了达沃斯，说是开个小会，闭门会议。我没想到闭门会议是全球直播，一下子就把我推到了前台。我知道今天与你的交流也会全球播放，但是我很坦诚地讲，我们和世界之间是为了创造人类未来的幸福，应该都要合作共赢，没有一家公司能独立承担起信息社会的责任。所以，我们完全支持我们的竞争对手，我从来没有攻击过竞争对手”。

在任正非看来，华为只是一个商品，无论人们用与不用，都需要按照个人的喜好和现实需求做出决定，人们没有必要动用民族主义，不用将个人消费放在民族大义的高度上来评判。他经常给这些无脑的民粹主义、民族主义泼冷水，他认为狭隘的民族主义会害了华为，害了整个国家，因为国家的发展在于开放，这是关乎中国发展的一个基本要素。按照任正非的说法，中国的开放相比于很多西方国家来说已经算是很晚了，中国及所有中国的企业都应该主动拥抱世界，用开放的姿态去迎合他人，团结更多的人，实现共赢。

正因为华为具有开放的包容的文化特质，使得整个公司非常具有吸引力，这也是为什么越来越多的人才愿意去华为工作的原因，而且很多合作商也非常重视和华为之间的关系。更重要的是，由于具备这种强大的包容性，华为成为一个非常有弹性的公司。这种弹性在创新方面发挥了非常重要的作用，它是华为从一家小企业成为世界级大公司的关键。其实很多被淘汰的公司都有一个共同点，那就是相对封闭，而且界限分明，它们的文化比较单一，而且明显具有排外性和排异性，缺乏足够的灵活度，这样使得它们的发展道路越来越狭隘。而华为无疑代表了另一种类型的文化模式，这种模式赋予它更为强大的生命力和竞争力。

均衡是一个最佳的协调方案

2001年，任正非首次提出了“均衡发展”的概念，当时他在内部会议上强调华为的发展不要片面追求速度和扩大规模，而应该注重均衡。这里的均衡包含了技术发展和管理的平衡、权力分配上的均衡、发展速度与稳定性的均衡，以及其他各个方面工作上的均衡。几乎也就是从这一年开始，任正非开始将均衡纳入“10大管理要点”当中，虽然这些要点每年都会出现变动，但是任正非每一年都将“均衡”放在10大管理要点的第一条。

一开始，很多华为人对于均衡并不那么了解，外界对于均衡的理念也有颇多误解，这些都不利于华为均衡理念在具体工作中的执行，所以任正非直接提出了一个观点：“均衡是生产力最有效的形态。”按照他的说法，华为应该“继续坚持均衡的发展思想，推进各项工作的改革和改良。均衡就是生产力的最有效形态。通过持之以恒的改进，不断地增强组织活力，提高企业的整体竞争力，以及不断地提高人均效率”。可以说，均衡的实现是建立在改良的基础上的，目的是为了激发组织活力和竞争力，提升工作效率，帮助企业进入一个良性的发展模式。

2005年，随着企业文化的不断丰富和完善，任正非觉得有必要再一次深化华为人对于“均衡”的理解，所以他在梳理了华为的发展战略之后，强调了“均衡”应该体现在以下四个方面。

首先是华为与客户之间的均衡，这也是华为遵循“一切以客户为中心”发展理念的要求。按照任正非的说法，华为经历了一段技术空窗期。在过去，华为一直都坚持以技术为导向，认为技术决定了企业发展的上限，认为技术才是企业在市场上立足的根本。这种唯技术论的论点与华为发展的环境及华为的起点相关，毕竟最初作为一家技术落后的小公司，想要在市场上赢得竞争，那么就要在技术上过硬。但是随着华为的发展和壮大，华为渐渐意识到单纯的技术并不能引领企业前进，作为商业中的一个重要环节，企业的最终目的不是为了比拼谁的技术更好，而是为了盈利。而盈利的关键是要迎合市场、迎合客户的需求，所以任正非认为企业需要重点处理好与客户之间的关系，在自己与客户之间保持平衡。就像他谈到的那样：“为客户服务是华为存在的唯一理由，客户需求是华为发展的原动力。”华为的一切行动都是围绕着客户来转动的，客户有什么需求，华为就立即生产什么产品，这样就间接地将市场销售和产品研发做了一个大致的平衡。

其次是华为与客户之间利益的均衡。与客户之间建立平衡关系，主要是为了提升市场的反馈力度及与市场之间的契合度，但是远远不够，好的企业必须想办法平衡好客户与自身之间的利益关系。企业要为客户提供帮助，要以满足客户的需求为主旨，但是企业也要兼顾自身的利益需求，要懂得把握好自己的发展方向。企业如果一味迎合客户而失去了自己的方针和政策，那么企业最终就会变成一个慈善机构，而非一个营利机构。按照任正非的说法，华为应该与客户建立比较紧密的利益共享关系，确保满足客户需求和提升客户利益的时候也能够满足自身的利益需求。也只有这样，华为才能与客户建立起更为稳定的、长久的合作关系。

再次是组织内部机构的均衡。这里强调的是内部权力的均衡及人物分配的合理性，属于内部协作的一部分。用任正非的话来说就是流程管理。流程管理是许多企业都容易忽视的问题，华为在20世纪90年代的高速发展期也曾遭遇管理问题。其中最大的问题就是流程管理混乱，各部门、各员工之间缺乏明确的任务分配，导致大量工作出现重复和遗漏的情况，大家彼此之间缺乏默契，导致工作效率低下。为了保证内部工作的顺畅，任正非提出了“持续管理变革，实现高效的流程化运作，确保端到端的优质交付”的理念，直接在内部推行流程化的管理，将组织内的机构有机统一起来，形成一个高效的作战团队，在共同目标的作用下共同奋斗，并保持平衡与和谐的工作状态。

最后是保持企业与外界的均衡。这里不仅强调企业与客户之间的均衡，还强调以更广阔的视野来看待企业所处的商业圈及发展的生态圈。任正非认为一个优秀的企业不仅要处理好内部组织机构的运作模式，还要重点处理与合作伙伴、竞争对手之间的关系，努力营造一个安全的、和谐的外部环境。那么华为应该如何营造好的外部环境呢？最简单的做法就是增加与外部环境的互动，提升自身的存在感，同时强化自己与外部的关联性。此外，企业应该了解整个产业链的发展情况和运作模式，然后对自己有一个明确清晰的定位，从而准确定位自己的价值。

为了让华为更好地理解这些内容，任正非提出了“与友商共同发展，既是竞争对手，也是合作伙伴，共同创造良好的生存空间，共享价值链的利益”的理念。简单来说，就是以一种更加开放的、发展的、共享的态度来面对外界，用发展的、变化的、整体的眼光来看待市场上的其他参与者，避免孤立地看待友商和竞争对手，最终建立起长久的稳定的互动关系。

如今这四个方面的内容已经深入华为每一个部门、每一个人的心中，大家都将均衡文化贯彻到每一个细节当中，从而有效保证华为发展的方向和力度不会出现偏差。

很多人批评任正非的“均衡”观点是一种完美主义，是为了保证人和环节都不出现纰漏。但是在任正非看来，均衡并不意味着完美，或者说不完美本身就是一种均衡，真正的均衡就需要追求各种不完美。“世界是在变化的，永远没有精致完美，根本不可能存在完美。追求完美就会陷入低端的事物主义，越做越糊涂，把事情僵化了。做得精致完美，就会变成小脚女人，怎么冲锋打仗？！以前我认为跳芭蕾的女孩是苗条的，其实腿是粗的，很有力量的；脚很大的，是以大为美的。华为为什么能够超越西方公司，就是不追求完美，不追求精致”，而正是这种“不完美”才真正造就了华为的成长和成功。

企业的发展应该是循序渐进的

在管理企业和引导企业的发展方面，任正非一直都堪称一个战略大师。作为一个很有耐心的商业领袖，任正非一方面要求员工拥有强烈的危机感，另一方面又期待着企业能够循序渐进地发展，避免出现突跃的情况。他认为一个成熟的企业，在发展过程中应该保持一个平稳有序的发展态势，所有的成长都必须按照事物发展的基本规律进行，而作为华为公司的掌舵人，任正非觉得自己有必要控制好发展的方向和节奏。

按照他的说法，“发展应该是循序渐进的。突跃会产生，但需要很长的酝酿过程。怎么创造价值呢？我们认为是循序渐进。欧洲其实也是经过一千多年发展起来的，一点一点进步来的。一千多年前，欧洲是中世纪的黑暗，我们是《清明上河图》啊。所以进步是慢慢地一点一点完成的。有时候我们看欧洲的昨天，觉得当时怎么那么傻呢？其实这是以今天的眼光在看昨天。我不相信大跃进可能成功，所以我们公司没有大跃进。去年有一阵股票疯涨，我就跟公司很多人说，这种情况是不能持续的。山还是那座山，梁还是那道梁，爹还是那个爹，娘还是那个娘，爹娘都没有变化，你怎么突然成了富二代呢？这种疯狂的情况下你还要投进去，将来一定亏”。

比如任正非在谈到当前的工业自动化和未来的人工智能时代时，说了这样一番话：“我们应该走进新的未来时代，这个时代叫人工智能。首先，我们要强调工业自动化。工业自动化以后，才可能走进信息化；只有信息化后，才能智能化。中国走向信息化，我认为还需要努力。中国的工业现在还没有走完自动化，还有很多工业半自动化都做不到。这个时候，我们提出了类似工业4.0的方案，超前了社会实际，最后会成为‘夹心饼干’。所以我们国家要踏踏实实地迈过工业自动化。工业自动化以后，就不需要这么多简单的劳动者了。当前应从提高教育水平，从提高人的素质入手。”

循序渐进的潜台词就是脚踏实地，就是安安心心地从当下做起，就是一步一个脚印地从无到有，从有到优，从优到独一无二。对此，华为的高级管理顾问吴春波教授曾经将华为比喻为一只乌龟：“30年来，华为像只乌龟。龟有两个特点：第一个特点是紧贴地面，四只脚踏在坚实的大地上，不断地爬行，经得起诱惑，耐得住寂寞，在自己认定的领域坚持爬下去。这只乌龟从来就没有奢望找到一个风口，也从来没有幻想长出一双隐形的翅膀，一飞冲天。华为从农村爬到城市，爬到全球。爬着爬着，和竞争对手肩并肩了；爬着爬着，超越了竞争对手，直到现在爬到了‘无人区’。它的第二个特点是高昂着自己的头，始终认清目标，坚守内心的呼唤，坚持在自己选定的道路上前行。坚持了26年，实现了三分天下的梦想；坚持了28年，成了行业的老大。在爬行的过程中，不断地积蓄力量，不断地强健肌体，由像一只乌龟，变成了一只象龟（世界上最大的龟，因四条腿像大象，故而得名）。”

这个比喻形象地描述了过去30多年华为的发展历程，而这种发展历程代表了华为的文化特色，体现出华为人踏实奋进的一面。和许多急功近利的规划者不同，任正非虽然有着更高的目标和格调，但是在具体实施的过程中一直都在督促所有华为人脚踏实地，不要搞突跃，不要动不动就妄想着一夜暴富，不要千方百计寻找捷径。他认为任何一个企业的发展都是一步步起来的，都需要经历一个基本的发展过程，如果贸然跳跃，那么企业的发展会变得非常不稳定，支撑企业前进的基础也会变得非常脆弱。所以华为多年来虽然发展迅速，但是总体上都是以平稳的姿态前进，以循序渐进的姿态发展壮大起来的。

2013年12月16日，华为公司发布了一款重要的手机荣耀3C，这款手机看上去和华为没有丝毫关系，机身找不到任何华为的LOGO，华为人在机身背后加上了一个新的标签“honor”（“荣耀”的意思），这样的寓意显然非常明显。事实上，作为华为独立品牌运作的一款手机，荣耀3C真正体现了华为的竞争优势：超高的性价比。最终的销售业绩也证明了华为的这一次尝试非常值得，在手机开启线上销售模式时，仅仅过了1分钟，所有的线上手机就全部售罄。接下来推出第二批、第三批，同样卖得非常火爆。强大的电池续航能力、出色的信号服务质量和优质的手机品质都满足了消费者的需求。

荣耀3C承载了华为人的手机梦，而它也不负众望，很快打开了市场，成了华为有史以来最畅销的手机。真正重要的是，华为人开始逐渐从低端手机中走出来，要知道在过去很长一段时间（差不多10年），华为手机只是以功能机和其他一些低端智能手机的形态存在，整体的设计、质量、体验都远远比不上其他高端品牌手机。但是华为人贵在坚持，大家一点点积累经验，一点点掌握更先进的技术，一点点开拓市场，逐渐将这个手机品牌做大做响。华为手机最终脱离华为通信业务独立出来，形成了一个真正独立的品牌：荣耀。而这个名称也暗含了华为人的期待，展示了一个逐渐崛起的品牌的荣耀。

荣耀手机的发展历程其实就是华为发展历程的一个缩影，也是一个比较经典的缩影，它从侧面印证了华为发展的一些基本规律，印证了华为人在发展过程中脚踏实地的工作作风，而正是这种工作作风支撑华为实现了一个个远大的目标。

敢于拥抱失败

许多公司都喜欢搞研发，都喜欢看到自己的产品和项目获得成功，但实际上大多数工作可能都是失败的。即便是那些最出色的跨国公司，它们在研发和生产过程中也存在很多失败的作品；即便是那些最优秀的公司，也在内部管理上出现过重大的纰漏。比如，谷歌公司几乎每一年都出现一些失败的发明，每隔一段时间推出的产品中就会有一款是失败的，可以说，这些年被谷歌公司抛弃的产品和项目非常多，很多人都认为谷歌浪费了不少资金和精力。但是对于谷歌来说，这些失败原本就是发展过程中会遇到的，是成长的一部分，谷歌公司没有必要刻意回避或者遗忘，而是坦然地接受，并将其当作内部文化的一个重要组成部分。

在很多时候，企业对于失败的态度决定了它们发展的高度，那些过分看重失败、回避失败，或者消极地看待失败的企业，往往缺乏强大的适应能力和承受能力。它们在面对失败时，更多地表现出恐惧和嫌弃的心理，而这会导致它们在管理上陷入困境，最常见的就是人才管理方面出现失误。

有人做过分析，发现华为内部也出现了不少失败的产品，也有不少失败的经历，但是每一次的失败，任正非和其他高管都淡定面对，并没有因此就对相关人员产生怀疑和否定的态度。为了让失败者获得尊重，为了给内部的失败者营造更加宽松的工作环境，任正非一直都在强调失败的重要性，并且还特定针对失败制定了合理的作战策略："内部对不确定性的研究、验证，正实行多路径、多梯次的进攻，密集弹药，饱和攻击。蓝军也要实体化。并且，不以成败论英雄。从失败中提取成功的因子，总结、肯定、表扬，使探索持续不断。对未来的探索本来就没有'失败'这个名词。不完美的英雄，也是英雄。鼓舞人们不断地献身科学，不断地探索，使失败的人才、经验继续留在我们的队伍里，我们会更成熟。我们要理解'歪瓜裂枣'，允许黑天鹅在我们的咖啡杯中飞起来。"

华为也呼唤成功的英雄，但是失败的英雄同样值得尊重。在《分层授权，大胆创新，快速响应客户需求》这篇文章中，华为再次强调了对失败的认同："要使创新勇于冒险，就要提倡功过相抵，给创新以空间。允许有风险、允许创新。科研不可能都是成功的，应有一定的冒险。科研追求的应是投资有效性，但如果有一天研发上报的科研项目100%都成功了，100%的投资都发生作用了，那就是错误的。为什么？因为不冒险就是最大的资源浪费：浪费了人力、物力与时间。100%做成功就意味着一点险都没有冒，而没有冒险就意味着没有创新，所以创新就一定要勇于冒险，允许风险就是允许创新。”

华为公司每年花费100多亿美元用于研发，但是仍旧有十几亿美元会被浪费掉，这种浪费主要在于一些失败的研发。许多人觉得非常可惜，但在任正非看来，在华为人看来，这些浪费是有必要的，华为文化本身就包含了一种对失败和错误的宽容，包含了人们的一种试错精神。在他看来，华为想要获得快速发展，就应该积极主动地拥抱失败。

不仅如此，任正非还多次强调要吸纳更多外来的失败者，“现在有些公司把无人驾驶作为产品目标，如果它失败了，我们就可以网罗他们的人才，就让他来我们这里‘母鸡下蛋’。失败的人都是理想太大、平台太小，到我们这儿来，我们的平台很大，那不就成功了嘛。我们反过来要拥抱失败的人才，不仅仅是拥抱成功人才”。这些年，华为一直都积极网罗人才，尤其是从其他一些公司挖掘郁郁不得志的人才，华为为他们提供了丰厚的待遇，而这些人的到来让华为在一些不擅长的项目上获得了突飞猛进的发展。

任何一家企业都不希望遭遇失败，但是失败往往是不可避免的。任何一家企业、任何一个项目都有可能遭遇失败，真正重要的不是逃避失败，而是主动接纳失败，这样才能够从中找到失败的原因，才能积累更加丰富的经验，而这或许就是华为一直以来强调要拥抱失败的重要原因。

理性思维与严谨的管理模式

西方企业的一个重要特点就是感情色彩很浓，或者说西方企业的企业家往往更加感性，这一点从乔布斯身上可以明显感觉出来。乔布斯在工作中的要求很高，而这种要求对于其他执行者来说常常是一种折磨。尽管他们也承认乔布斯很伟大，但他的伟大有很大一部分是建立在感性认知和情绪化操作的基础上的，而不是理性思维。

苹果公司的很多产品设计都是感性思维下的作品，整体的特色就是天马行空及奔放，让人觉得很有创造力，而这种创造本身就需要感性思维的支撑。这些产品具有典型的乔布斯特色，与乔布斯本人的气质非常符合。特斯拉的创始人埃隆·马斯克也是同一类型的人，他更加善于造梦，更加善于对一些天马行空的计划进行科学的设想与验证，无论是电动车，还是超级高铁，以及外太空探测计划，马斯克都展示出了感性的一面，以至于很多人都觉得他更像是一个骗子。

而与之相对应的就是任正非，任正非是一个非常理性的人，理性到每一天的生活和工作都超级自律，理性到每一次的计划制订都必须慎之又慎，必须符合每一个现实需求及每一个细节验证。有人说仅仅从对待生活方面就可以看出东西方企业家之间的差异。比如，乔布斯和任正非都患过癌症，任正非自曝动了两次皮肤癌手术，而乔布斯患的则是胰腺神经内分泌肿瘤，从医学的角度来看，这两种癌症都不算难治，只要发现及时，治疗及时，治愈的机会非常大。任正非在面对癌症时，也曾感到恐慌（这种恐慌是人的一种本能反应），但他选择了最科学的治疗方法。对于他来说，医学就是最正确的解救方法，他需要依赖尖端的科学和医学知识来拯救自己的生命。而乔布斯则不是，感性的他甚至都不愿意接受手术，而是选择采取印度佛教中的食疗方式进行治疗。在发现疾病的那几年，他一直都在吃素食、草药及各种奇怪的灵药，还选择相信灵媒治病的方法，结果白白耽误了9个月的治疗时间，最终不得不接受胰腺切除手术。然而几年之后，他发现胰腺癌细胞扩散到肝脏上了，只好进行肝脏移植，到了2011年，由于不可控制的胰腺癌细胞继续扩散全身，他最终因病去世。

从对疾病治疗的态度上就可以看出他和任正非之间的区别，而这种区别又分别形成了他们身上不同的管理风格。虽然两个人都以严厉著称，乔布斯的严厉在于要求执行者无条件执行他的感性想法，而任正非的严厉在于要求所有人依据规章制度行事。乔布斯将苹果打造成了一家创新能力强大的公司，整个公司更加看重的是思维的发散，只要思想活跃，能够给出很好的设想和设计方案，公司并不会对员工有太多的约束。而华为的管理则带有明显的制度规范和纪律性，都需要按照计划行事，以至于在很多时候，华为更像是一个目标统一、协作默契、行动一致的作战团队，没有任何人会擅自行动。

任正非在部队里待过，身上有着军人的气质，甚至在管理企业的时候也一度被认为是在进行军队化管理。对于任正非来说，一个企业的发展应该建立在秩序的基础上，所以他会制定各种规章制度来约束员工的行为，会通过最严格的绩效考核制度来衡量员工的价值，会运用最理性的模式来引导员工的工作。

对于华为的发展，任正非有着明确的规划，对于任何有可能危害华为发展的因素，他都会认真分析，提前做出预防。发现内部的管理出现了问题，他就开始进行管理变革，引进更先进的管理体系；意识到员工出现了惰性，就采取下岗再竞业及末位淘汰制的方式刺激员工，激发企业的活力；为了避免公司变得保守而封闭，他打造了开放的体系；为了防止华为人腐败，他又强化了制度的束缚。他总是非常合理地部署一切，总是小心翼翼地走好每一步。可以说，无论是艰苦奋斗的企业文化，还是脚踏实地的工作作风，都是一种理性思维的表现；无论是发展战略的制定，还是规章制度的执行，都显示出华为的纪律性。

如果说苹果公司张力十足、奔放自如，那么华为就显得隐忍克制、中规中矩。尽管华为也是一家创新型企业，尽管华为在技术领域的成就不可小觑，但是给人的印象始终是比较低调的。华为推出的产品也很少会让人产生“惊艳”的感觉，但在使用的过程中，人们偏偏又觉得这些产品非常好用。任正非赋予了华为人这样一种低调朴实的品质，绝对不会做一些超出自己能力范围之外的事情，绝对不会接触自己不擅长的事情，这种谨慎对于华为这样的民营企业是有帮助的，这也是为什么华为多年来没有像那些快速崛起而又快速陨落的企业一样，华为人的朴实和理性让华为看上去几乎没有太多的缺点，它总是被对手们低估。

就在马斯克经常因为资金短缺而受到投资者的质疑，苹果公司也因为创新能力不足而遭受市场的质疑时，华为表现出了强劲的发展势头，这家一直表现低调的公司，反而成了2019年最令人关注的企业，而这一切都是理性部署下的必然结果。也许华为无法成为大家心中最好的那家企业，它却是一家任何人都不会忽视也不敢忽视的企业。

坚决做好成本控制

2001年，整个IT行业进入寒冬，任正非发表了《华为的冬天》一文，提醒所有华为人“冬天”即将到来。2006年，华为已经摆脱了行业不景气的危机，处于发展的一个黄金期，但任正非再次抛出了“华为冬天”的论调，许多人对此不理解，觉得任正非过于杞人忧天了。

事实上，任正非的担忧并非毫无道理，当时他指出了华为面临的一个重大危机，那就是利润太低。“我们现在面临着很困难的局面，全行业毛利率下降，客户对价格有完全的话语权，说降价我们就只能降价，即使送也很难，一些业界喊得很响的战略市场几乎没希望赚钱。所以我们不能被销售规模的增长迷惑了，以为形势一片大好，其实近几年的经营性净利润率在不断下降，去年已低于8%，而鉴于研发、市场都必须持续高投入的行业特点，经营性净利润率低于6％就很难支撑了，所以现在这个盈利水平，我说给客户听，他们都表示吃惊。”

对于企业来说，市场扩张固然很重要，但最终的目的是为了盈利，如果盈利空间受到压缩，那么市场扩张得再大也没用。就像海尔集团一样，这家在国内曾经引以为豪的家电企业，一度成了世界上风头最盛的家电企业，它也在短时间内开辟了大量的国际市场，甚至成了为数不多的在美国市场上占据大份额的中国企业。但是最近几年，海尔集团已经失去了往日的风采，其中一个很大的原因就在于利润低下，这已经成为制约海尔集团发展的重要因素。不仅如此，2006年，很多美国的电信企业也发起了并购潮。比如，当年6月，诺基亚和西门子将两家公司的电信设备业务合并在了一起，双方各出资50%成立了诺基亚西门子网络公司；12月1日，曾经的电信巨头阿尔卡特和朗讯也进行了合作，成立了阿尔卡特-朗讯公司。它们所遇到的情况和海尔差不多，都是因为利润越来越少，在市场中慢慢失去了竞争力。

任正非对此深有体会，当时连续几年的低利润引起了他的关注，他担心华为会成为下一个退出市场的公司，尤其是考虑到华为当时的人均效率是西方企业的2/5，华为显然处在危机的边缘。如果说西方企业可以通过并购实现强强联合，那么华为最后的结果大概就是宣布破产，或者直接出售自己的业务。面对即将到来的危险，他开始想办法狠抓利润。

第一步就是降低成本。在任正非看来，特殊时期一定要勒紧裤腰带生活，当然它所强调的控制成本并不是克扣员工的工资和奖金，而是减少一些不必要的开支。比如随着华为的发展，任正非发现很多老员工产生了富人思维，对于公司的各项开支很不以为意，经常制造各种浪费。比如在一些岗位上安排不必要的劳动力，出差时随意花公司的钱，办公室内的水电浪费严重，这些开支每一年都以惊人的数字增加，业绩却没有以同等比例增加，这让任正非感到吃惊和愤怒。再比如，有一次他发现某个外派人员在外经常给家人和朋友打电话，结果一个月花掉了公司16000元的电话费，这让他觉得难以忍受，于是直接开除了这个员工。

为了杜绝类似的事情发生，他站出来号召所有华为人改掉过去不良的消费习惯，并建议在3~5年内都要坚持节俭的作风，帮助公司渡过难关。对于某些平时开着所有灯、开着最低温度的空调的员工来说，这样的建议或许并不会起到太大的影响，因此任正非直接强调如果单位部门内的人无法做到节俭，无法拿出艰苦奋斗的态度，那么就会失去获得提拔和晋升的机会。

有人觉得这是任正非独裁的一种表现，但事实上，在国外的一些企业中，管理者对于浪费行为同样非常重视。有一次，Facebook的创始人马克·扎克伯格偶然间发现前一年的账本中多出了几项不必要的支出，这让他感到不悦。虽然Facebook是一家大公司，盈利颇丰，这点开支几乎可以忽略不计，但扎克伯格并不这么认为，他觉得那些不必要的浪费最终会摧毁公司。

当时他准备约谈相关部门的负责人，不过又担心此举会引起相关负责人的反感。后来，为了给大家留点面子，他想了一个办法，直接通知财务部门给所有部门负责人的薪水少发5美元。如果这些人有什么不满，可以直接来找自己。发完工资之后，大部分部门负责人很快就发现自己的薪水少了5美元，他们在财务的引导下找到了扎克伯格讨要说法。

扎克伯格直接让所有的部门总监到会议室内开会，然后他在会议上拿出了账本，“这是上一年的财务报表，虽然我们是赚钱的，但有些支出是完全没有必要的。虽然这些支出很少，但是你们并没有在意。而你们的薪水只是少发了5美元，你们就都发现了，而且很有意见，可是为什么公司的这些完全没有必要的支付，你们却一点都不在意呢？”听完这段话之后，总监们纷纷低下了头，而在那之后，Facebook的浪费行为得到了有效控制。

对于华为来说，浪费行为也是一件需要零容忍对待的事情。任正非认为华为的每一分钱都是那些奋斗者用汗水和青春换来的，他们在最艰苦的环境中奋斗，在最恶劣的环境中创造价值，公司必须尊重他们的成果，所有华为人都必须尊重他们的付出，而浪费就是对这些奋斗者最大的侮辱，所以他建议华为人发起节俭运动，避免在公司困难时期增加不必要的负担。

第七章

真正的成长是从知识的获取开始的

从资本主义到知本主义

在某一次内部会议上，任正非对着台下的与会者说道："这两年泛网络的一批优秀干部将有机会调入终端，也吸纳了外来优秀人员加入华为，终端管理者一定要开放思想，大胆任命，不拘一格用人才。终端业务和泛网络业务有很大区别，终端面对广大的消费群，在人才使用上不要僵化教条，用更广阔的胸怀迎接更广泛的人才，你们才有可能做到领先。

"在这个时代，我们不仅要重视统计学、系统工程、控制论、神经学等各种专业，还要更重视哲学。因为未来发展过程中，这些科学都要发挥巨大作用，而不是单纯的机械技术观点发挥作用。学哲学，不会马上体现到商业价值，但就像东北的土地，如果不开垦、不播种，黑土地就是黑土地。哲学是黑土地，系统工程、统计学等这些都是黑土地。”

在这里，任正非主要强调的就是尊重知识，要让华为人接纳更多的知识，并且运用不同类型的知识来强化自己的认知，提升自己的能力。比如在最近两年时间，华为的5G业务发展迅速，在这一行业几乎成了世界上最具优势的企业，而华为之所以能够保持领先，主要原因就在于对相关领域知识的重视。

比如在2019年年初，华为首次公开了自己的三大核心实验室，并很快引发了外界的震动和热议，其中包括诺亚方舟技术实验室、先进结构材料实验室及先进热技术实验室。而这些实验室已经筹备了多年，它们都在为华为进入5G时代做准备，并确保华为5G技术领先对手至少两年以上。对于知识的重视让华为真正尝到了甜头，也验证了华为从资本主义转向知本主义这一发展战略的成功。

“知本主义”的概念最早出现在任正非《走出混沌》一文中，当时任正非这样说道：“对一些高技术产业，人的脑袋很重要，金钱资本反而有些逊色，应多强调知识、劳动的力量，这就是知识资本，我们称为‘知本主义’。”拥有这样的看法很不简单，实际上华为早期的发展一直都缺乏资金，可以说资金短缺成了华为人最惨痛的记忆。所以在最初的时候，华为非常看重资本，而且也希望获得更多的资本，在他们看来有了更多的钱，就可以更好地发展技术。但是随着华为的不断进步，他们渐渐意识到资本并不是万能的，单纯依靠资本来运作一家企业，那么这家企业很快就会将所有的钱耗光，然后被市场淘汰出局。只有真正掌控知识，利用知识来武装企业，企业才会变得更具竞争力，才能够不断进步和强大。

管理学专家保罗·科恩在《管理的智慧》一书中提到了智慧与知识的关系。他认为智慧是解释知识的一种手段，知识是解释信息的一种手段。任正非对此深有感触，而这也真正证明了任正非的大局观。不久之后，任正非再次发声："知识经济时代，企业生存和发展的方式发生了根本的变化，过去是资本雇佣劳动，资本在价值创造要素中占有支配地位。而知识经济时代是知识雇佣资本。知识产权和技术诀窍的价值和支配力超过了资本，资本只有依附于知识才能保值和增值。"在这里，他明确地将知识推到了更重要的位置，并且强调资本是依附于知识的，这样就等于将知本主义当成了发展的一个基础来对待。

很快，知本主义就成了华为内部的一个公式，并且华为内部对于知识的重视开始形成一种鲜明的文化现象。他们意识到物质资源是可以耗尽的，知识却生生不息，一个人或者一个企业可以永远不知疲倦地接受新的知识，运用新的知识，可以说"取之不尽"是知识资源的一个最本质特征。人力资本理论和知识经济专家一直都在强调人的认知和知识是可持续增长的，它与自然资源并不相同，知识之类的资源完全可以推动一个企业走上可持续发展的道路，为企业提供无限的成长空间。在拥有这样的觉悟之后，华为对于知识的挖掘、学习已经上升到了战略高度，知识资本化也成了华为激励和激活员工做出可持续贡献的关键。

从资本主义转向知本主义之后，华为公司更加重视人才。正如任正非在回答记者的提问时所说，"'二战'之后，德国和日本的工业基础都被摧毁了，但没多少年德国就振兴了，所有房子都修复得跟过去一样，日本的经济也快速恢复，这得益于他们的人才、教育和基础，这点是最主要的。所有一切失去了，不能失去的是人”。

而在其他场合，任正非也多次强调这个时代是知识经济时代，它的核心就是人类创造财富的方式和致富的方式发生了根本的改变。随着时代的进步，特别是由于信息网络给人带来的观念上的变化，使人的创造力得到极大的解放。在这种情况下，企业创造财富的方式主要是由知识、管理产生的。换句话说，人已经成了最重要的发展要素。

吸引人才，尊重人才

在过去很长一段时间内，华为都是抢夺人才的先锋。作为一家名声在外（吸收人才的名声）的企业，华为多年来一直在积极进行人才布局，从最初的高校万人大招聘，再到华为的人才引进政策，都证明了华为对知识、对人才的重视，很多人都觉得华为胃口很大，似乎永远都有一个填不满的人才缺口。

在华为公司，有700多名数学家、800多名物理学家、120多名化学家、六七千名基础研究的专家、6万多名高级工程师和工程师。但即便如此，华为公司仍在大范围地招人，当然招收的都是一些顶级人才。华为被断供事件发生之后，任正非及全体华为人更加清醒地意识到自身存在的一些不足及所面临的危机，尽管华为有能力渡过难关，但是任正非并没有掉以轻心，对于人才和技术的需求更加强烈。在最新的一次讲话中，任正非强调华为今年（2019年）将从全世界招收20~30名天才少年，明年需要招收200~300名天才少年，以换枪换炮的方式提升人才的层次。

任正非认为："完全依靠中国自主创新，很难成功。为什么不跨国创新呢？可以在很多国家建立创新基地。哪个地方有能力，就到哪个地方去，我们可以在当地建一个研究所……东欧国家都比较贫穷，但是美国大量的业界领袖、科学家、金融家……都是东欧人。我们为什么不大规模吸引东欧人到中国来，或者在东欧建立各种研究基地……如果能够真真实实地把优秀人才引进来，对我们改革是好的。"

华为愿意给那些天才少年高出平常职位五六倍的工资。比如，以前有一个俄罗斯的小伙子，他具有很强的数学计算能力，堪称数学天才，他在华为公司待了十几年，几乎每天就在电脑键盘上敲来敲去，不善于与人打交道，感情生活也一片空白，许多人都不清楚这个小伙子在公司里做了什么。可是有一天，他突然对公司的高管说，自己已经运用数学计算方法找出了2G到3G的突破口。华为公司的负责人立即向上级汇报，并且在实验中进行检验，结果发现小伙子所言非虚。而正是因为如此，华为很快从2G时代的跟随者角色，一跃变成了3G时代的领先者。

对于国际人才的重视，让任正非看到了巨大的商机。与此同时，任正非谈到了一个非常现实的问题：在过去很长一段时间，中国企业都喜欢从国外引进技术和产品，而且往往需要花费大价钱才能买到一部分高科技，可是等到将技术和产品买回来之后，却发现这些高科技及高科技产品中的很多东西都是中国人研究和发明的，是中国的留学生和一些科研人才跑到国外做出来的科研成果。“有时候我们跟外国人说，你把这个高科技卖给我们吧，你把这个东西卖给我们，当这个东西买回来以后，你把这个蛋一打开，发现这个蛋是中国蛋，是咱们中国鸡跑到美国生了一个蛋，然后卖给我们中国蛋，我们还交了关税，我们还要高价买回来，为什么不能自己的鸡在自己国家的土地上生蛋？”

按照他的想法，与其花费高代价购买国外的新技术、新产品，还不如从一开始就防止人才外流，尽量将那些优秀的人才留在国内，吸收进公司加以重用。不仅如此，任正非还积极主张从国外吸收人才，就像美国一样，美国有一大批出色的哲学家、科学家、政治家、企业家都来自东欧，华为及其他中国企业也可以选择从东欧引进优秀人才，并想办法创造良好的工作环境和生活环境，将他们留在公司。

在谈到即将到来的人工智能社会时，任正非再次强调了人才的重要性，并且重点谈到了中国人才和华人人才。“人类在人工智能的科学家中，有50%左右是华人，如果他们受到排挤，拥抱他们进入中国，他们就会在底层平台上创新，给我们提供了一个基础。我认为，如果能够真真正正地把优秀人才引进来，对我们改革是好的。如果还是强调自主创新，就会浪费非常多宝贵时间。”任正非认为中国有着五千年的文明作为基础，应该拿出更多更好的政策来拥抱人才，吸引人才。

当然，仅仅吸收人才是不够的，最重要的是要尊重人才，而首先要做的就是给予创新人员更高的待遇。在这方面，华为向来以高工资而为人所知。据说华为员工的人均工资已经达到了60多万元/年，而对那些顶级的人才更是给出了年薪上百万元的高工资，这样的待遇毫无疑问会让员工死心塌地地留在公司里。

除此之外，华为还努力为员工提供更多的帮助。在这一方面，华为一直做得非常到位，总是尽量给予人才最大的满足和尊重。很多时候，为了进一步激发人才的工作动力，华为往往不会忽视员工的正常诉求。

在很长一段时间内，好的物质条件及丰厚的薪水成了吸引和挽留人才的利器，也成了华为尊重人才的最真实写照。可是随着华为的发展，单纯的物质奖励无法对员工产生较大的吸引力了，这个时候改革迫在眉睫。在2016年伦敦政治经济学院的中国峰会上，华为副总裁陈黎芳就重点谈到了要为华为人才创造最优环境及公司已制定的一些人才管理方案的问题。

在会上，陈黎芳提出了三点：一、打开人才金字塔，打造良好的培养环境，让人才走出来见证世界的新技术，参与其中，进行能量交换；二、提供好的创造环境，无论是成功还是失败的产品，都不要怕拿出来；三、不要对员工之前的工作过多打听，制造良好的同事交流环境，只要对企业有贡献就必定给予相应的回报。

比如，有一次几个员工在华为的论坛里发表了自己的文章，文章中谈到办公室里的键盘和鼠标质量非常差，行政部配发的这些办公工具要么是旧的，要么就是坏的，自己用着非常不顺手，最后还是免不了掏钱购买新的。对于任何一家公司来说，这一类问题都会出现，几乎是见怪不怪了，就像很多人吐槽自己公司的饭菜不合胃口，吐槽公司的空调有时间限制，吐槽职工宿舍是几十人的大通铺。但并没有多少企业会真正关注员工的这些诉求，因为很多时候管理者在乎的是员工是否为公司创造了足够的收益。华为公司则不会这样，当员工们在论坛上吐槽公司时，任正非将这一切看在眼里，很快他就发布了一封邮件。在邮件中，他非常生气地批评了相关部门的不作为，“为什么还要民兵带红缨枪来参加现代化战争？有关部门要反思上网，解答问题”。华为强调的是“以奋斗者为本”的奋斗文化，为奋斗者提供更好的奋斗环境和奋斗的工具，这本身就是企业最应该做的事情。正是因为如此，华为公司此后再也没有出现类似的情况，而华为员工的归属感也一直在国内企业中名列前茅。

向伟大的对手学习

2018年，在四川成都举办的中国品牌节上，著名经济学家、中国农业银行前首席经济学家向松祚发表了这样一段演说：“我请教过华为创始人任正非先生，我们有时要多多倾听企业家特别是最优秀的企业家们的观察。任正非先生讲，我们中国和美国最大的差距是两个字，各位朋友听清楚，这两个字叫‘软件’。我们今天所谓的信息科技时代，互联网、大数据、云计算、人工智能，所有这一切靠什么来支撑呢？就是靠软件。我们今天的手机、电脑，背后都是软件，是它最基础的科技。软件背后是什么呢？软件背后是算法。算法背后就是数学。

“我想这个简单的原理告诉我们，我们要追赶美国，追赶这些先进国家，不是我们今天这个玩法就能玩出来的。在座各位，我想请教大家一个问题，你们身边的朋友、你的小孩儿、你的朋友的小孩儿，有多少人沉下心来静下心来研究数学、研究化学、研究物理学、研究宇宙学，有多少？

“我们和德国、日本的差距非常大，所以任正非先生讲，我们和欧美、日本的差距是三个字，叫‘高精尖’。在座的各位要知道，我们今天生产手机也好，生产汽车也好，生产几乎所有的东西，很多尖端的设备我们没有，最根本性尖端的材料没有，尖端的工艺我们没有。最近参观很多厂，包括几家手机生产厂，包括电池厂家，基本上都有一些实现自动化的生产线，但是大家去看一看，在那些自动化生产工厂里，都是谁的设备呢？包括华为的手机生产厂，里面的机械手，大部分都是国外品牌。

“我前不久去北京热电厂参观，让我非常震惊，我们热电厂里的内燃机这个设备，中国生产不了，更不用说飞机发动机，我们完全没有办法生产出世界先进水平的发动机。这个东西就是什么？就是材料，就是工艺，就是设备。所以非常坦率地说，如果今天我们的企业家朋友，年轻的，我们天天还是玩什么商业模式创新，天天玩这些虚拟经济，我们的高精尖制造什么时候会赶上呢？”

在这里，向松祚借着任正非的描述谈到了国内企业与国外企业之间的差距，而这种差距直接决定了未来的竞争局势，因此国内的企业应该沉下心来学习，要努力向外国学习高尖端技术，学习各种先进的理念，争取减少差距。学习实际上贯穿了华为的发展历程，从早期的向Hay公司、朗讯公司和IBM公司学习，再到后来的向日本企业和德国企业学习，华为始终都在保持一种谦卑的学习态度。

在2016年的全国科技创新大会上，任正非就说过这样一段话："我们不仅仅是以内生为主，外引也要更强。我们华为的俄罗斯数学家，他们更乐意做更长期、挑战很大的项目，与我们勤奋的中国人结合起来，日本科学家的精细，法国数学家的浪漫，意大利科学家的忘我工作，英国、比利时科学家领导世界的能力……会使我们胸有成竹地在2020年销售收入超过1500亿美元。"

按照任正非的说法，华为需要站在巨人的肩膀上前进，如果选择自己一点点从地上爬起来，那么等到爬上巨人肩膀这样的高度时，可能已经是几百年、几千年以后的事情了，华为将会持续落后于对手。向强者学习成了整个华为的一个重要口号，而这个口号的背后展示的是华为对进步的渴求。

任正非就是一个非常喜欢学习的人，不仅热爱阅读，而且经常向他人请教问题。很多了解华为的人都会发现，一些有关华为的书籍、资料、文件都和一个人有关，那就是黄卫伟。作为一个著名的经济学家和管理学家，黄卫伟是中国人民大学商学院的教授和博士生导师，也是一个跨学科的复合型人才。虽然他主攻生产运作管理，但是在战略、组织、人力、财经与会计等领域都颇有建树，而且和那些学院派的管理学者不同，他拥有丰富的管理实践经验，在华为工作超过20年。早年在加拿大和美国的一些知名商学院做访问学者的时候，黄卫伟就写出了很多知名文章，这引起了任正非的注意，任正非不仅将其纳入麾下，而且还将他的办公室安排在自己办公室的旁边。两个人经常一起喝茶、喝咖啡、散步，彼此之间交流想法，作为一个有着丰富实践经验的管理学家，黄卫伟对任正非的吸引力很大。在多次的交流碰撞中，任正非对黄卫伟越来越器重，越来越信任。如果对任正非发表的一些演说及一些文章进行分析，就会发现其中的很多观点都源于黄卫伟。任正非平时喜欢向对方请教问题，也非常认同对方的一些理念和想法。

任正非并不是一个崇洋媚外的人，但是他深深知道华为和西方国家的优秀企业之间的差距，因此一直主张以学习的心态去吸收更多先进的知识和理念。他不仅自己主动去国外考察，还经常派人出国深造，让他们学习各种先进的技术、先进的模式，让他们去接触更多新奇的东西，并且要求所有人放宽胸怀，去接纳那些伟大的竞争对手。即便是面对美国这样难缠的对手，任正非也认为美国为当前的文明社会做出了巨大的贡献，美国人的技术和想法都是世界上最先进的，华为没有必要彻底否定这些，也许在某些方面华为已经实现了超越，但是在更宽泛的领域，美国仍然是一个值得重点学习的伟大对手。

对华为来说，重视对手，向每一个伟大的对手学习，这才是提升华为实力、促进华为进步的一个重要策略，也是华为文化中最重要的基因。

让最优秀的人培养更优秀的人

在一次内部讲话中，任正非谈到了教育问题，“我们国家百年振兴中国梦的基础在教育，教育的基础在老师。教育要瞄准未来。未来社会是一个智能社会，不是以一般劳动力为中心的社会，没有文化不能驾驭。若这个时期同时发生资本大规模雇用‘智能机器人’，两极分化会更严重。这时，有可能西方制造业重回低成本，产业将转移回西方，我们将空心化。即使我们实现生产、服务过程智能化，需要的也是高级技师、专家、现代农民……因此，我们要争夺这个机会，就要大规模地培养人。

“今天的孩子，就是二三十年后冲锋的博士、硕士、专家、技师、技工、现代农民……代表社会为人类去做出贡献。因此，发展科技的唯一出路在教育，也只有教育。我们要更多关心农村教师与孩子。让教师成为最光荣的职业，成为优秀青年的向往，用最优秀的人去培养更优秀的人。”

“用最优秀的人去培养更优秀的人”，这句话成了华为内部培养机制中一个最重要的元素，也是培养机制中一个基本的立足点。按照华为公司的说法，优秀本身就是需要传承的，让最好的人将最好的经验传给下一代，这样才能确保公司拥有持续的竞争力及强大的生命力。不过任正非认为知识和人才的积累是一个长期的项目，而且不仅仅是投钱就可以完成的。它不像修路铺桥，不像造房子，这些东西可能有钱就可以完成，但是芯片制造、高科技产业的发展、人才的培养，不仅需要砸钱，还需要砸入更多优秀的人才，只有砸出更多世界顶级的物理学家、化学家、数学家、工程师，整个中国才能真正实现崛起。对企业来说也是一样，如果不注重人才的培养，不注重用最优秀的人才来培养人才，那么企业的人才培养计划将会变得越来越困难。

为了做到这一点，公司甚至直接将这种优秀人才的培养和干部任职资格相挂钩，直接将其当成一种管理任务来强调。在《华为基本法》中就有这样的要求：“高、中级干部任职资格的最重要一条，是能否举荐和培养出合格的接班人。不能培养接班人的领导，在下一轮任期时应该主动引退。仅仅使自己优秀是不够的，还必须使自己的接班人更优秀。

“我们要制度化地防止第三代、第四代及以后的公司接班人腐化、自私和得过且过。当我们的高层领导人中有人利用职权牟取私利时，就说明我们公司的干部选拔制度和管理出现了严重问题。如果只是就事论事，而不从制度上寻找根源，那我们距离死亡就已经不远了。”

按照这一规定，一个真正优秀的干部，不仅在于在工作中表现优秀，还应该在人才培养方面表现得足够优秀，必须挖掘和培养优秀的人才，这也是他们业绩考核的一部分。换言之，如果一个能力很突出的干部在工作中能做出突出的业绩，可是由于无法在人才培养上给公司带来帮助，那么这样的人无论如何也不能获得提拔，他们只适合做一些底层的管理者，从事一些基层的管理工作。

除了对优秀的管理干部施加压力之外，华为还积极推进人才培养计划。在任正非的主导下，华为在2005年创建了华为大学，按照任正非的要求，“华为大学要为华为主航道业务培育和输送人才，特色是训战结合，最终就是要作战胜利。这个目标似乎短浅了一些，但当前华为在转换管理中是迫切需要的。5~10年后怎么样，未来再讨论”。

华为大学自从成立之初就一直都是国内企业大学的标杆，经过十几年的积累与发展，已经形成了一套比较完善的人才培训和培养机制，形成了一个更加年轻、更有活力，学历更高、层次更高的人才队伍。而这个特殊的大学所肩负的培养人才的义务主要包含了两个方面的内容：一方面是向新人输出更多的知识，并培养员工总结知识和经验的能力，确保华为的知识可以得到传承和发展；另一方面，则是重点培养华为员工的价值观，通过文化输出来影响华为人才，正如华为高管所谈到的那样，“在文化思想上，我们要建立统一的管理平台。以文化为基础，文化的上面是土壤，肥沃的土壤就是管理平台；业务是生长在这片土地上的能量。文化基础平台就是干部管理研讨班；管理平台是已有的管理，包括现在的系统变革，项目管理支撑，各体系的管理平台；业务就是冒出来的一个个山峰，山峰是可以独立的”。

为了提升教学质量，确保学校可以培养出真正优秀的人才，任正非对教学提出了明确要求：“华大不是一所正规院校，正规院校是培养大学生、培养硕士博士的，我们的学员都是完成了基础训练才进来的。华大本质是对已经受过正规教育的人再教育，再教育应该跟职能有关系，不再是与基础有关系。我们需要你从事这个工作，就给你赋能，赋能不是全面赋能。

“华为大学一定要办得不像大学，因为我们的学员都接受过正规教育。你们的特色就是训战结合，给学员赋予专业作战能力。

“训战结合就是训练和作战是一回事。所有训练的表格要和我们实际操作的表格是一模一样的，代码、标识符……也是一模一样的。我们现在就是要把赋能简单化，简单化就是我不给你讲原理，我直接给你讲作战。”

在这里，任正非强调要推动干部循环赋能，重点关注和管理那些优秀种子，每个班挑选优秀学员接受项目的历练。只要项目实践做得好，那么公司就要破格提拔。他非常赞同华为向美国军队的培养方式靠拢，任何一个人都应该在实践活动中干出点成绩，再回炉赋能，从而确保这些优秀种子可以再一次获得充电机会，在充电之后又可以上战场上拼杀和历练。

有人说，对于那些优秀的公司来说，优秀应该是一种习惯，应该是深入骨髓的一种基因，而若想让优秀的基因长久保存下去，就离不开出色的内部培训机制。在这方面，华为始终不敢放松，对它来说，只有让最优秀的人培养更优秀的人，才能够确保华为内部的人才变得越来越优秀。

打造独特的华为式学习氛围

学习是华为内部的一个重要成长元素，而学习往往不是一个人的问题，对企业来说，真正形成一种学习文化，还是需要先打造良好的学习氛围。多年来任正非和其他高管一直都在积极引导员工多学习、多接收新的知识，但同时也致力于营造一个和谐的学习氛围。

比如，任正非就带头进行学习，他对于管理、经济、历史、哲学、地理、社会人文、物理、化学、生物等方面的知识都有所涉猎。更重要的是，他会将自己对于学习的心得传授给所有人。无论是在一些重要的内部会议上，还是在一些普通的工作场合，任正非经常会提醒华为人多学习，让他们有空多看看书，而他自己甚至在飞机上也会随身携带一本书。

任正非的学习态度影响了很大一批人，其中华为高管首先被熏陶，他们在与任正非的接触中渐渐耳濡目染，培养了阅读的兴趣和学习的热情。余承东曾经说：“‘思想年轻’比‘物理年轻’重要，发挥价值无关年龄或职级。有人担心自己年龄大适应不了终端的节奏，也担心终端招聘‘论资排辈’。其实生理年龄并不重要，关键在于心态是否年轻，是否还能保持主动学习的热情。我自己也会担心年纪变大思想是否会变保守，或进取心下降、斗志减弱，所以我也会加班加点学习，希望带领大家有更大更高的发展。如果哪一天发现能力确实跟不上了，我会主动申请调整，不因个人成为业务发展的瓶颈。”

当公司的高管都在想办法通过学习来提升自己的时候，下边的人就更加会产生一种紧迫感。虽然华为并没有明确强调过学习方面的危机文化，但是危机文化本身就是和学习挂钩的，而公司的高层也总是有意无意地强调学习的重要性，这无疑会让更多的人产生学习的冲劲。很多员工都曾表示自己看到其他干部都在看书，自己不好意思落后，所以私底下也会主动学习和充电，而这样的举动又会对其他员工产生压迫感和影响力，大家都会纷纷效仿，避免自己在这一方面落后。

事实上，华为的学习模式多种多样，最常见的是私底下的阅读及工作之余的相互探讨，从而形成了良好的学习氛围。此外，为了制造一定的学习压迫感，华为实施了干部岗位轮换制度。任正非一直希望管理者可以在不同的岗位上学习新的知识，然后将各种知识结合起来使用，提升管理的效率，这是他最初的设想。中心思想就是内部的循环，正像他所说的那样，“为了使我们的淤泥永远不会产生，华为公司在管理中不会产生一个沉淀层，华为公司要加强内部劳动力市场的循环和流动，在考核评价中确定对人的价值评价……华为公司一定要有一种制度化的程序来保证这个企业不会产生一个沉淀层，不能让水流得缓了以后岸边都是淤泥。这不是靠领导人，靠一个人领导一个人，然后一个人盯一个人能够解决的。如果我们不加强干部的考核、评价和循环流动的体系，总有一天会谁都愿意留在空调的房间里，享受舒舒服服的日子，谁都不愿意去艰苦奋斗，那么我们这个公司就死定了。我们要在二三十年内保持一定比例的速度发展，不能降低这个速度。一旦降低发展速度，我们内部就没有机会了，那你只能在那儿等着，等了20年也会没有机会”。

在岗位轮换制度的影响下，参与轮换的干部不得不努力学习新的知识，以迎合干部考核、评价和循环流动这一体系，确保自己不会被淘汰出局，再加上内部文化的影响，干部们往往会产生学习的动力和需求，并形成一个良性的氛围。

当然，在很多时候，学习还会以其他方式展开。比如，1999年华为在珠海召开一次关于公司战略方面的会议，在某天晚饭结束之后，公司通知所有与会者参加一次活动。当所有人趁着夜色坐车来到一片荒凉的工地时，大家才知道这里原来是巨人集团大厦的工地。任正非带着华为的高管们围绕着大厦地基挖出来的大坑默默地走了三圈，这个充满仪式感的行为让所有人都面色凝重。而任正非之所以要带大家来这里参观就是为了到这里来感悟一些经商的经验和教训。

巨人集团曾经是中国比较出色的一家计算机公司，这家成立于1991年的公司在短时间内就成了当时国内最成功的计算机公司，就在这个时候志得意满的史玉柱（创始人）计划打造一座高楼作为巨人集团的地标建筑。1994年大楼的开工典礼正式开始，公司计划建造18层的大楼，接着改成了38层，随着史玉柱内心的膨胀，这座大楼先后调整为54层、64层、78层，如果按照78层的高度来考虑，巨人大厦将会成为当时国内最高的建筑。在这种难以抑制的膨胀心理面前，史玉柱和巨人集团失去了自控力。1997年巨人大厦因为资金链断裂而破产，整个大厦只完成了地面三层就宣告终结，自此这家公司连同史玉柱的雄心壮志都停留在这个没有结尾的工程上。

事实上，早在1992年，任正非就提出了超越四通公司的目标，当时的国内市场有着“南巨人，北四通”的说法，由此可见巨人公司的地位，但是短短几年时间就物是人非。任正非希望所有华为人能谨记巨人集团的失败经历，并以此来督促所有的华为人一定要注意保持奋斗的姿态，一定要注意保持惶恐和敬畏的态度，避免重蹈巨人集团的覆辙。2016年，著名管理学家吴春波为巨人集团的一些高层干部讲课，其间谈到了这件事，结果引起了强烈的共鸣，很多高管都泪流满面，很显然当华为吸取了巨人集团的教训，再将这种教训反馈给巨人集团的人时，这种情感表达更具冲击力。

在这种具有仪式感的活动中，员工往往学习到了比书本上、会议上多得多的东西，往往可以体验到理论知识和各种说教中所没有的感悟，最重要的是，这样的凭吊仪式无疑让所有人变得更加自觉。对于华为人来说，学习的态度非常重要，拥有良好的学习态度，保持充足的学习热情，这才是确保学习蒸蒸日上的关键。而通过言传身教的影响，通过制度的约束及文化的熏陶，无疑会让员工在学习上变得更加热情。

挖掘每一个员工的优势，加大培训力度

在企业中，人职匹配往往是一个非常重要的点。一个优秀的公司往往会对相关的工作人员进行合理安排，确保每一个人都可以按照自己的优势来选择工作，可以在自己最擅长的工作上创造最大的价值。在知识经济时代和知识管理时代，对于人才的管理往往更加重视个体优势的挖掘和利用。

在过去很长一段时间，企业在招聘人才时都比较简单粗暴，认为只要把人招进公司就行，却没有认真想过，每一个人都适合做什么，每一个人都最擅长做什么。就像有的人适合跑业务，有的人适合搞研发，有的人适合做财务，如果笼统地将他们归为员工而随意进行分配，那么很有可能导致搞研发的人去做财务，而跑市场的人莫名其妙地搞研发，做财务的人则被安排去跑市场，最终的结果就

是三个人都无法将自己的工作做好。

为了培养出最优秀的人才，为了提升团队作战能力，有一点非常重要，那就是努力想办法挖掘和开发出每一个员工的优势。华为对此非常重视，在用人方面始终坚持唯才是用、合理配置的原则，并形成了良好的管理文化。“要通过员工岗位任命、工作安排来牵引员工承担责任，做出贡献。每年通过例行的人岗匹配，审视员工的贡献、绩效和岗位应负责任，审视岗位安排，强调把合适的人用在合适的岗位上，不仅能做到人尽其才，也能防止滥竽充数，避免人力资源浪费。我们要通过人与岗的合理匹配，把不合格的人调离岗位，把有意愿、能履行岗位职责的人匹配到岗位上来。公司政策应支撑‘少将连长’的产生”。

在华为公司内部，余承东负责手机业务，何庭波负责半导体芯片制造业务，孙亚芳主管对外事务的协调，每一个人都有明确的分工，而任正非也善于发挥出这些人最大的价值。比如，余承东一直以来都被人称为“余大嘴”，大家觉得他只是一个喜欢吹牛的人，认为他这个人办不了实事，但实际上任正非认为余承东敢想敢做，而且具有营销的头脑，用这样的人来负责手机业务，无疑会发挥出他的优势。而这也证明了任正非的眼光，余承东不负众望，带领华为手机坐上了全球手机出货量的第二把交椅。而2019年，华为更是预估手机出货量将达到2.7亿部。

很显然，在人事任免方面，任正非非常有眼光，他善于挖掘每一个人的优势，也了解每一个人最大的特点，因此能够有针对性地提供一个合理的工作。他希望整个华为都能够以这样的方式来挖掘人才、任用人才。尤其是在人才培养方面，华为并不是盲目的、统一化的，而是针对不同的人提供不同的培训方案。

有一次，任正非与人谈论教育问题，在谈到孩子的教育时，重点谈到了“天性”的问题。他认为，最重要的就是让小孩子发挥出自己的天性，明确一个最好最合适的发展方向，只有更早地挖掘出孩子的优点，了解孩子适合做什么，才能帮助孩子获得成长。他举了一个例子，有一个员工的丈夫多年来一直从事电子方面的工作，大学学习的专业也是电子，可是直到50岁的时候，才偶然发现自己在绘画方面有很高的天赋。如果他从小就能够了解这些并集中精力进行培养，那么也许已经成了出色的画家。

任正非觉得培训员工有时候就和教育孩子一样，管理者应该想办法挖掘每一个员工擅长做什么，要了解每一个员工身上的优点，这样才能有针对性地进行培训，才能让员工发挥出自身最大的价值。

据说，有一段时间，华为在招聘人才的时候，会给予应聘者很大的自主选择权。如果员工觉得公司安排的工作不适合自己，可以自由选择自己喜欢的职位。任正非还特意在公司内部会议上进行表态：“公司给予员工挑选岗位的机会，不用封建包办婚姻式的包办终身。”等实习期过后，华为公司会按照考核标准进行评估，看看员工在自己选择的工作岗位上是否做得出色，如果成绩过关，那么公司将会尊重员工的决定；如果成绩不过关，那么公司就会按照自己事先的安排继续考核员工，并且加大培训力度，从而确保每一个人都能够在合适的岗位上工作。

在华为大学内部，每一个接受培训的人都会拿到一份适合自己的培训计划方案，学校会针对每一个人的特点进行培训，确保所有的培训工作可以发挥出最大的价值。许多在岗位上表现不佳的人会回到华为大学接受专业的指导，学校会帮助他们制订最适合自己的发展计划，直到他们能够适应这份工作。而那些表现出色的员工同样会受到华为大学的青睐，学校会重点针对他们的强项进行强化训练，使得他们能够更上一层楼。

除此之外，公司还会安排专业的导师对新人进行指导，这种指导具有很强的专业性和针对性，每一个新人的特点都被公司了解清楚，然后公司会安排最适合的导师进行培养，充分利用导师的技能和经验来引导新人。这种导师制是华为培训文化中的一个重要标志，也是华为培训制度中的一个要点。

总的来说，华为在培训员工时，更加注重针对性和专业性，更加注重挖掘员工的优势，也更加看重员工未来的发展空间，而这些是支撑华为整个培训体系的关键。

打好基础，让华为真正成长为技术型的企业

许多企业如今都非常重视知识，非常重视知识经济，但实际上多数企业对于知识的认识仍旧处于一个较低的水平。多数企业对于知识的看重停留在一些技术层面，比如，安排员工去国外学习某项技术，或者花费时间在自己所需的技术上进行突击，这一类知识相对而言比较狭隘，而且没有从根本上带动公司的竞争力。相比之下，华为对于知识的重视更为彻底，因为华为人意识到知识经济其实和工业经济一样，都需要一个发展过程，想要让华为真正变大变强，不能仅仅去学习和模仿别人当前的技术，不能仅仅在应用层面上提升竞争力。

任正非曾经说："很多人说中国在创新上有爆炸性的增长，但我们看到这些创新大多是应用科学上的，而在基础科学的创新方

面，中国还面临很大挑战。”在这里，他非常严肃地谈到了应用科学和基础科学的不同，应用科学看上去更像是对前人智慧的理解和应用，相关的技术和产品都是建立在前人的研究成果上的，华为只是将其应用到现实当中，或者说进行了商业化处理，但是并没有掌握核心知识。

比如，过去很多人都在夸赞华为是一家出色的创新公司，发明了很多出色的技术，任正非却坦言即便华为拥有8万名工程师，即便华为在通信设备领域位于世界第一，但是相关的技术都不是华为发明的。移动通信技术、移动互联网这些都是从其他人那儿引进的，只不过华为在这些领域内得到了拓展，并应用到位。任正非觉得这种应用并不算真正的发明，华为也没有真正发明任何东西。

为什么任正非会反复强调这一点呢？原因就在于基础科学及基础理论，在任正非看来，这两个才是构架内部知识和技术体系的关键要素。所以他一直强调基础科学及基础理论的研发，“你想一想，在非洲极端贫穷的地方，在埃博拉病毒、艾滋病流行的地方，在荒原上，都是华为的人在奋斗，我们能赚什么钱？赚不了多少钱，我们还是为了人类的理想在奋斗。因此，我们认为我们在理论发明上没做出贡献，弥补我们在理论上的缺失”。

如果对人类社会的创造进行分类，就可以划分成理论创造、工程创造、市场需求创造。中国在工程创造方面的能力非常强，但是在理论创造方面的能力很弱，这主要和中国在100多年前积贫积弱的国情有关，中国不具备强大的基础理论，只能在前人研究的基础上制造出产品，只能做好一些工程项目。而西方国家恰恰相反，也许如今它们在工程创造方面不占据什么优势，但是在理论创新方面一直都占据领先位置。所以任正非呼吁，“我们在基础理论的研究上还是（应该）认真向西方学习的。西方经历了几百年，比如微积分的发明，我认为这一点来说西方做出了很大的贡献”。

而为了提升内部理论创造能力，华为公司目前已经对300家大学、900多个科研机构给予了支持，双方进行了深度合作。目前还没有在理论创新上做出一些较大的贡献，但并不意味着在打击下放弃或者萎缩。不仅如此，华为一直都非常看重那些能够在基础理论研究方面提供帮助的人。

2018年7月26日，华为在深圳总部举办5G极化码与基础研究贡献奖颁奖大会，当时还给土耳其毕尔肯大学的有着“5G极化码之父”之称的埃尔达尔·阿里坎颁奖，这一举动很快赢得了世界的关注。

事实上，早在2009年，华为就开始着手5G的研究，当时华为还只是全球通信设备行业的挑战者，并不具备现在的优势地位。此外，当时的5G刚刚起步，相关的技术标准有很多，很多企业都选择了自己认定的技术标准发展5G业务。华为当时经过认真的思考和科学的分析，认为埃尔达尔·阿里坎教授提出的极化码具备了优秀信道编码技术的巨大潜力，是未来5G技术发展的一个重要方向，所以华为一直都在想办法从这一方面入手，并且坚守了10年之久，最终的结果就是华为所认定的5G技术标准如今成了行业内权威的标准，华为推出的5G技术也成了全球5G领域内的技术标杆，并且领先全球。而对埃尔达尔·阿里坎进行颁奖，不仅让他声名大噪，而且也让华为赢得了更好的名声，大家纷纷意识到华为已经慢慢改变过去的工程研究，重点向基础研究领域发起了探索。

从某种意义上来说，基础研究和基础理论就是一种核心竞争力，它比工程技术更加重要，因为所有的工程技术都是建立在基础理论基础上的，基础理论决定了技术发展的方向，也规划了工程技术发展的范围。这些年，有很多国内企业开始高呼要变得更加优秀，一些企业甚至提出了向伟大公司进化的口号，可事实上这些企业根本没有什么拿得出手的核心技术，也没有什么基础研究的成果，也许它们在某些方面表现得不错，可是一旦外国企业不提供那些基础技术，所有的工程研究都会陷入瘫痪。无论是发动机还是芯片，这些都是建立在基础理论的基础上的，由于没有类似的理论，中国在这些方面始终处于被动、落后的位置。

在这方面，华为有着深刻的认识，也有着强烈的危机感，华为人意识到只有在基础理论研究方面获得突破，华为才能真正变强，才能真正挺直腰杆说“我们再也不会被人卡住脖子了”。这些年，华为一直强调要所有华为人保持战略耐性，要脚踏实地一步步去走，不要总是妄想着实现弯道超车，在工程研究上也许可以实现弯道超车，但是在基础研发领域，华为要做的就是一步步追赶、一步步完善、一步步寻求突破，除此之外，并没有什么捷径。

第八章

华为公司首先是一个市场服务机构

一切以客户为中心

市面上有很多书籍都谈到了华为的管理哲学，任正非对这些管理哲学做了一个总结，按照他的理解，钱永远都在客户口袋里，想要拿到这笔钱，往往有三种方法可行：第一种是抢，抢钱当然是一种犯罪行为，不适合用作企业盈利模式；第二种是偷，偷钱依然有违正常的经营模式；第三种是让客户心甘情愿地将钱交给自己。而这个时候，企业要做的就是为客户提供最好的商品和服务，因此管理哲学的终极秘密只有一条，那就是“以客户为中心，为客户创造价值”。

在谈到为顾客需求的服务文化时，任正非曾经这样说：“首先要判断清楚，我们的阵地在哪儿？‘马其诺防线’在哪儿？‘机关枪’‘卡宾枪’到底要架在哪个位置合适？在这个位置，客户需求是什么，我们能提供给客户什么样的感受和体验？如果这些我们都能做到，应该就会有领先优势。你们要去好好讨论，这需要靠大家的智慧。你们的各种产品都是尝试，善于总结，就能找到合适的位置。

“我们的目标要远大，就专心致志盯着客户需求，不要总去对标别人，否则最后可能把自己的先进也变成了落后。比如，手机哪些功能需求最典型？上网快、拍照效果好、音响好，其他功能可能是小众需求，小众指只有少数高端人的需要，高端人群也不一定是小众。我们要明白客户需求是什么，对于客户需求，只有一线的人最清楚，将来欢迎一批‘二等兵’升到将领来。”

在各种对内及对外的场合下，华为人强调最多的就是客户，可以说他们是真正将服务客户融入血液当中的一群奋斗者和服务者，华为也是一个真正将“以客户为中心”的理念落实到实处的企业。许多人曾经质疑华为的服务理念和发展理念，任正非在谈到这个问题时非常激动地描述了一些现实案例：“在日本海啸引发福岛核电站泄漏时，与难民逆向前进的是华为员工，他们冒着生命危险在两周内恢复了680个基站，为抢险救灾做出了贡献；孟晚舟也是这个时候从香港奔赴日本，整架飞机上只有两个乘客。我们不是见到灾难就逃跑，而是为了人类安全，迎着灾难向前进。印尼海啸，我们有47个员工，在13小时内就把海啸区668个基站恢复了，支持了抢险救灾。在智利9.1级大地震的时候，我们有3个员工在地震中心区失去联络，公司准备派抢险队去抢救这些员工，问我的意见，我认为，地震还在，如果派队伍进去，会蒙受更大的灾难，我们只有耐心等待他们的信息。当这些失联的员工第一个电话打给他的主管时，主管就说了哪个地区的微波站坏了，他们三个人继续背着背包去抢修这个微波站。他们的事迹，我们后来用真人拍了小电影。事后我去看望过这些员工，刚好智利首富送了我一箱非常好的葡萄酒，我就赠送给他们了。大家知道非洲不仅有战争，而且是疾病频发的地区，我们有很多员工都得过疟疾，大量员工在这些疟疾和贫穷地区穿越，如果你们需要照片，可以让公共关系部提供。从这些事情也可以解释，我们不是上市公司，不是为了财务报表，我们是为了实现人类理想而努力奋斗。不管条件多艰苦，我们都在努力。”

在任正非看来，华为对于客户的重视不仅仅是谈判中的恭恭敬敬，不仅仅是广告上轰轰烈烈的策略性宣传，而是实打实地将“以客户为中心”的理念贯穿到每一个工作细节当中。比如，华为人很少参加什么社交活动，而任正非更是很少公开露面，和那些动不动就参加饭局或者参加电视节目的企业家相比，任正非几乎就是一个异类。但就是这样一个不喜欢抛头露面的人，在面对客户时表现得非常活跃和积极，即便是一个再小的客户上门，他也会抽出时间认真接待。

在谈到服务时，任正非这样告诫所有华为人：“我们用优良的服务去争取用户的信任，从而创造了资源，这种信任的力量是无穷的，是我们取之不尽、用之不竭的源泉。有一天我们不用服务了，就是要关门、破产了。因此，服务贯穿于我们公司及个人生命的始终。当我们生命结束了，就不用服务了，因此，服务不好的主管，不该下台吗？”

在这种文化熏陶下，华为人变得更加主动和热情，只要是客户有什么需求，必定会想办法给予满足。而为了真正迎合客户需求，华为甚至还调整了组织结构，充分授权市场部员工，确保市场部的一线员工可以在了解市场行情后直接做出决策。

之所以要坚持“以客户为中心”，其实和华为的发展经历息息相关。作为一家民营企业，华为的起步很晚，起点也很低，根本无法应对市场上激烈的竞争，尤其是技术水平的低下更是让华为在争夺市场时吃了不少亏。在那个时候，华为人开始坚持唯技术论的观点，认为技术决定一切。但是随着对市场发展的认知不断加深，华为开始转变思路，将以技术为引导转变为以客户为中心的发展理念，华为人认为“如果死抱着一定要做世界上最先进的产品的理想，我们就死了。我们的结构调整要完全以商业为导向，而不能以技术为导向，在评价体系中同样一定要以商业为导向”。

在华为人看来，客户才是决定企业发展的关键，只有赢得客户的认同和支持，企业的发展才能继续下去。反过来说，枉顾客户的需求，忽视客户的想法，违背客户的利益，这些都会给企业的营销带来负面影响，企业的发展很快就会陷入困境。

需要注意的是，华为坚持“以客户为中心”的理念，并不是盲目听从客户的需求及完全跟着客户走，在很多问题上，华为还是坚持自己的原则。比如，在与日本索尼公司CEO吉田宪一郎的对话中，任正非就特意谈到了客户服务和客户需求的问题，“客户需求是一个哲学问题，而不是与客户沟通的问题，不是客户提到的就是需求。不是让客户牵着鼻子走，而是想办法多路径，作战队列多梯次，根据不同场景来满足客户需求”。很显然，华为在服务客户方面还是表现出了足够的专业性和足够的灵活性，而这些就是华为开拓市场的重要保障。

让更多的决策回归到一线

2005年，华为信心满满地准备收购英国电信制造商马可尼，可是在最紧要的关头遭遇了严重的失利，反而被爱立信公司抢先完成了收购。要知道，在这之前，华为收购呼声最高，外界一致看好华为能够成为马可尼的大股东。不过在谈判进入高潮时，对方提出了一些比较苛刻的收购条件，结果自认为万事俱备的华为一下子没能反应过来，直接错失了好局。

这件事很快引起了华为内部的震动，他们不明白自己为什么会在领先优势那么明显的情况下还会落入下风。如果说市场多变，没有常胜将军，或许还能为自己的这一次失误开脱责任，但接下来发生的事情直接让华为高层警觉起来。

当时尽管收购马可尼失利，但是并没有影响华为的扩张计划，毕竟华为在欧洲已经开辟了不少市场，此时的华为直接将目光锁定在西非市场上，并且雄心勃勃地想要干一番大事。可是在开拓西非市场的时候，虽然一开始顺风顺水，可是随着工程项目的推进，不断有客户向华为总部投诉，认为华为的市场部代表在应对客户的新诉求方面显得有些迟钝，每次等客户强调了错误，办事处的人才真正反应过来。不仅如此，当市场上出现新的信息和变动时，华为似乎总是要慢上一拍才能了解究竟发生了什么，而这个时候，竞争对手们已经提前行动了。迟钝的反应，以及不太敏锐的嗅觉，让华为屡屡失手，在西非市场上也一再碰壁。这一次，华为高层再也坐不住了，他们已经意识到华为存在的问题，并且意识到自己必须立即寻求解决之道。

这个时候，任正非发现华为最大的问题就是内部的信息传输系统太滞后，臃肿的内部机构和官僚主义严重影响了内部的信息交流。当市场部员工发现问题并向上级反映时这些信息经过层层审核往往要花费大量时间，而这个时候的信息已经失去了时效性。所以任正非有了一个大胆的想法，那就是让一线员工直接掌握更多的决策权，或者说让决策权往一线倾斜，这样就可以做到快速发现问题，快速解决。熟读历史的任正非知道，“二战”时期的德军之所以可以借助闪电战提升作战效率，就是因为他们直接将决策系统搬到了一线作战队伍中，而华为也有必要这样做。

在制定授权机制后，任正非很快发表了《让听得见炮声的人来决策》的讲话，强调了华为决策体系的变更和调整：“应该让听得见炮声的人来决策。后方配备的先进设备、优质资源，应该在前线一发现目标和机会时就能及时发挥作用，提供有效的支持，而不是由拥有资源的人来指挥战争、拥兵自重。谁来呼唤炮火，应该让听得见炮声的人来决策。”

按照任正非的说法，一线员工完全可以在察觉出市场变动后自主行动，而没有必要实时向上级请教。这等于弱化了领导者的角色，但这种弱化能够大幅提升工作效率和应变能力，这样一来，华为这艘大船就变得异常灵活了。为了确保信息的及时沟通，公司还利用数字化链接来传递信息，这样一来，一线员工可以将发现的商机在第一时间传递给公司高层或者研发部。

那么让听得见炮声的人来决策的具体实施应该怎样进行呢？在这里，华为采取了苏丹市场上总结出来的一套“铁三角”制度。2007年负责苏丹市场的彭中阳在给公司领导写工作汇报的时候，将过去3年来的业务拓展情况和管理模式进行了总结，把自己所在的团队设计出来的关于客户、产品和交付紧密联系的运作模式罗列了出来。当时为了提升工作的效率，团队特意安排了一个三人组来负责业务拓展和服务，其中一人负责客户关系，一人负责交付，一人负责产品与解决方案工作，由于分工明确，每个人都清楚地知道自己要做什么，应该对什么工作负责，从而在协作中实现了工作的统一。彭中阳意识到这套体系不仅仅适用于苏丹市场，肯定也适用于其他市场，所以他直接将这个工作体系命名为“铁三角”上报给公司。而在那之后的几年时间里，这个模式迅速在华为的各个市场上流行开来。

“铁三角”强调的是内部的合作分工，但是这种分工实际上是建立在决策权向一线转移的基础上的，它是一种决策的具体形式，能够提升一线决策的科学性与合理性。而无论如何，华为的这些变革和调整方式，都体现出对一线员工的重视，体现出对内部交流的重视，同时也体现出华为对客户需求的重视。很显然，华为希望打造一个更加开放、更加高效的团队，从而提升客户服务的质量。

有位华为高管在谈到国际竞争时，强调任何一个企业在国际市场上必须分秒必争，必须拥有强大的应变能力和完善的服务体系，如果反应比较慢，没有及时发现和满足客户的需求，那么就很有可能失去客户的信任。所以华为认为采取轻装上阵、提高机动性和灵活性的运作模式非常有必要，需要将决策权进一步往一线偏移，而这也是未来跨国公司发展的一个重要方向。

华为的零缺陷文化与质量守则

2018年1月，华为公司刊登了《对经营管理不善领导责任人的问责通报》。在通报中，公司对那些出现经营质量事故和业务造假行为的相关单位及负责人进行罚款，其中相关部门的高管每人被罚50万元，而任正非作为最高领导者则被罚了100万元。这一通报事件体现出华为维护产品质量的决心，体现出华为对质量的重视。

其实关于产品质量，华为一直都要求所有人将其当成核心任务，质量文化是整个企业文化中不可或缺的一个重要部分。比如，在《华为基本法》的第七十八条中，对质量和服务提出了这样的要求：1.树立品质超群的企业形象，全心全意地为顾客服务。2.在产品设计中构建质量。3.依合同规格生产。4.使用合格供应商。5.提供安全的工作环境。6.质量系统符合ISO9001的要求。

在第七十九条中，再次强化了这种制度：1.技术上保持与世界潮流同步。2.创造性地设计、生产具有最佳性能价格比的产品。3.产品运行实现平均2000天无故障。4.从最细微的地方做起，充分保证顾客各方面的要求得到满足。5.准确无误地交货；完善地售后服务；细致地用户培训；真诚热情地订货与退货。

这两条制度的本质就是为顾客提供更好的产品和服务，不过尽管华为一开始就重视产品质量，但是在过去很长一段时间内，华为的产品质量都相对处于弱势地位。尽管华为一直在进步，但是由于技术基础薄弱，起步比较晚，和国际上那些大公司相比，华为产品的质量并不占任何优势，因此更多时候只能采取低价销售的模式赢得客户的订单。虽然之后华为也在奋起直追，取得了很大的技术进步，但是由于长时间都没有形成一个统一的质量标准，以至华为的产品质量一直无法赢得市场的认同。

而就在这个时候，中国的老邻居印度在软件技术方面却进步神速，印度企业的软件产品质量赢得了很高的国际声誉，这对任正非和华为来说是一个很大的刺激。为了弄清楚印度企业进步的秘诀，任正非带领团队前往印度学习和考察。通过考察，华为意识到必须建立一个完整统一的质量标准，打造一个稳定的质量体系，这样才是解决问题的关键。所以，华为很快就决定在印度成立一个研究所，然后引进了CMM体系。这是“能力成熟度模型”的简称，它主要是对软件组织在定义、实施、度量、控制和改善其软件过程的实践中各个发展阶段的描述。就这样，华为公司借助CMM打造了产品质量体系第一阶段的标准，此举改变了过去华为产品质量参差不齐、难以迎合国际市场需求的局面，华为在之后的生产中得到了规范，产品的每一项流程都能够合乎质量标准。

但是这个标准执行了一段时间之后，任正非发现华为的产品质量虽然有了很大的提升，却造成了比较严重的资源浪费和成本消耗。经过研究和分析，他和高层决定按照不同地区的具体情况来制定不同的质量标准。也就是说，华为的质量标准开始随着不同市场的变化而变化，因为全球市场上本身就不存在统一的质量标准。正因为如此，华为直接建立起“集大成的质量标准”，通过不同的量化标准达到不同市场所要求的质量，这样更加巧妙地抓住了客户的需求。

当华为渐渐成为一家世界级别的大公司时，华为对产品质量又有了进一步的要求。华为的产品质量不仅要合乎标准，而且应该达到一个顶级的标准，这样才能够体现出强大的竞争优势。这个时候，华为对于产品质量的要求已经不能仅仅体现为满足客户的需求了，而是要想办法高于客户的需求。在这一背景下，华为公司提出了产品质量“零缺陷”的口号。“零缺陷”并不意味着要求做到十全十美，而是要求每一个华为人在质量上做到极致。这种追求极致的想法不能仅仅依靠所谓的标准来付诸实施，而应该打造出追求极致质量的企业文化，让每一个人都意识到高质量的重要性。所以建立类似的企业文化就成了华为第三阶段的质量标准体系中的一个重要部分，当然它的主要形态是不再坚持以客户需求为导向，而是坚持以市场标准为基础，追求极致质量的生产文化。

在这之后，任正非组织管理者召开质量研讨会。大家在会议上深刻讨论了“质量四项基本原则”：质量的定义、质量系统、工作标准、质量衡量。然后在此基础上总结出一套完整的华为质量原则。接下来华为丰富和完善了质量流程管理，还组织了一支队伍负责监督质量。在这之后，华为内部的“大质量观”开始形成，华为高层也提出了自己的要求，那就是努力打造业内最好的产品质量，然后在这个基础上争取每年以20%的进步空间进行完善。

华为不是将这些当成一句口号，而是用心付诸实践。有一次，华为生产的一大批荣耀手机在运输途中遭遇了轮胎起火的事故，导致手机被高温烘烤。公司立即命人将车上的手机全部拉回公司进行检测。尽管事后得出来的结果是，这批手机受损后的不良率只有1.4%，完全符合销售的要求，但是再三考虑之后，公司还是决定回收手机，然后直接将这批价值2000万元的手机全部销毁。

这样的举动让很多人大呼可惜，但公司这样做的目的就是为了告诉所有华为人，一定要追求极致的质量，要让客户享受到最好的体验。与此同时，通过这样的举动，华为也彰显了一个伟大企业的担当和追求，向外界展示出了一个全新的企业形象。

了解并清晰地定位自己的市场位置

有人说华为能够在短短三十几年时间里成长为通信设备领域最强大的企业，最重要的原因在于华为在成长的每一个阶段都恰到好处地踩到了发展的点上。更确切地说，华为的每一步都是在合理的战略布局之下进行的。

如果进行回忆，就会发现任正非就像是一个预言家那样，每一次都能够准确预估形势，每一次都可以看透未来，而这种出色的预判能力和战略规划能力并不是胡乱猜测的，而是基于对自身现状的认识，基于对自身市场地位的准确把握。无论是三分天下的豪言壮语，还是对5G发展机遇的把握，任正非和华为都提前做出了准确的判断。很显然，任正非知道华为是一家什么样的公司，也知道华为将会成长到哪一步。

万通董事长冯仑曾经谈到任正非经历的一件事。在几年以前，美国有一家公司因为长期陷入亏损而想要以400万美元的价格出售自己的产业，任正非知道后非常开心，于是主动提出以450万美元的价格收购这家公司。事实上，当时这家公司的业务和华为并不沾边，很多人认为任正非和华为是不是疯了，虽然450万美元的资金并不多，但这样冒冒失失地收购一家自己不需要的公司似乎就是一种浪费。但是对于自身发展非常了解的任正非，还是坚持这样做，他坚定地告诉所有人在不久的将来，这家公司会成为华为的一个钱袋子，并且在几年之后顺利利用这家公司赚到了几亿美元。

华为在收购之时就已经意识到未来的发展离不开这家公司的技术和业务，也离不开这家公司的资源，而且华为当时在市场上已经建立起强大的影响力，它对自己的市场地位及未来的发展方向非常清楚。

从华为的发展历程来看，这样的事情实在太多了，每一次华为都可以巧妙地找到发展的最佳道路，而所有的布局都是因为华为比任何人都有自知之明，比任何人都准确地知道自己在市场中扮演的角色。比如，在华为最初发展的时候，整个中国市场都是被外国企业及合资企业垄断的，华为虽然有着远大的目标和理想，但是只能想办法从农村市场开启自己的发展道路，而事实证明这一策略收到了很好的效果。

当时国内市场有“七国八制”（是指日本的NEC和富士通、美国的朗讯、法国的阿尔卡特、加拿大的北电、比利时的BTM、德国的西门子和瑞典的爱立信这8家企业），之后国内企业崛起，出现了巨龙通信、大唐电信、中兴通讯、华为这4家有实力的公司。从实力划分来看，华为的实力几乎是最弱的，任正非却认为华为的发展有着得天独厚的优势，那就是华为是一家民营企业，而另外3家是国有企业，它们在市场感知及业务转型方面会比较求稳。所以当所有人都不看好华为的时候，任正非反而对自己的发展信心满满，而事实证明了这种自信是有道理的，华为在之后的几年时间里获得高速发展的机会，其他企业除了中兴之外都销声匿迹。

在进军国际市场时也是一样，当华为在国内市场站稳脚跟之后，一直都想在国际市场上分一杯羹。当时很多人都不看好华为，认为华为的技术不够好，质量也没有外国企业那么好，他们觉得华为占据了国内市场是因为有本土优势，加上价格上的冲击，国外的巨头的确很难坚持下去，但是一旦进入国际市场，华为的那些优势将会消失，原有的劣势则会被放大。而这一次华为依然没有气馁，它知道自己的优点和缺点是什么，也知道自己在整个市场上的位置。当时任正非认为华为的低价策略和良好的服务态度在国际市场上也是受欢迎的，虽然阻力很大，但是只要坚持下去，那么还是有机会生存下去的。

依据自身的实力，华为制定了先以中国香港为跳板打开市场，再进军俄罗斯，之后在非洲和拉美开疆拓土，然后打开中东市场，并在亚洲进行更大范围的布局，接着重点实施欧洲市场和北美市场的扩张计划。尽管时间上有一些重合，但基本的思路没有变，华为始终都在按照自己的定位走最合理的扩张道路。而每一次的扩张中，它都知道自己能够为市场带来什么，知道市场最需要什么，因此它的发展具有很强的针对性。

在整个扩张的过程中，华为分别扮演过求生者、追赶者、竞争者、引领者等不同的角色，而每一个角色都是华为发展状态的真实写照。任何阶段，华为对于自己在市场和行业中扮演的角色一直非常清楚，华为人也知道该如何通过这种清晰的定位来最大限度地发挥自身的优势。

比如，在发展初期，华为人也想过一次性占领更大的市场，可是在经历过多次失败之后，他们对自己的策略提出了质疑，自己凭什么吸引客户的注意，自己凭什么要求客户一定要购买自己的产品，自己难道比西门子和爱立信更好吗？

而在2019年1月20日的中央新闻频道的节目中，作为嘉宾的任正非谈到了西方国家的一些现状和华为的优势，“西方实际上就是大农村，就是高档的大农村，因为建的是别墅群，大规模的别墅群，他们每家每户铺光纤进去，成本很高。这个时候他想看8K的电视，他拿什么看？我们小基站一装，方圆这一片就看了。这个全世界只有华为能做到”。

许多人认为任正非在吹牛，但事实上只要看看美国禁止华为业务对美国人所产生的影响就可以看出这一番话并没有言过其实。《纽约时报》的记者曾经采访了美国农民，在过去，这些农民完全可以依靠附近的信号塔发送信息，然后用平板电脑来操控拖拉机施肥播种，他们甚至还可以坐在拖拉机上操作银行业务，监控6个天气应用程序，还能读一些像贸易和华为等方面的东西。可是随着美国政府打压和排斥华为公司，相关的信号发射塔陷入瘫痪，美国农民叫苦不迭，很显然，他们不得不面临缺乏信号的困境。

前后两种截然不同的态度，实际上反映出华为在成长壮大之后对自身的定位有了更进一步的认识。这种准确的认识和定位是华为始终能够迎合市场需求、把握市场脉搏的关键，也是华为能够在竞争激烈的环境下生存下去的保障。

伟大的企业应该懂得“沿途下蛋”

2018年，任正非在上研所听取华为无线业务汇报的时候，说了这样一段话：“我们说无人驾驶，其实是一个珠穆朗玛峰，是一个领袖型产业。我认为无人驾驶是基础研究，支持科学家为理想而奋斗。暂时不要去做商用产品。先让科学家一心一意研究科学，不要顾及商业利益。沿途下蛋，将来即使是我们不能在马路上无人驾驶，可以在生产线上使用，管理流程中使用，低速条件下的工作中使用……（朱广平说我们要做电信网络的无人驾驶）各种东西都可以引入无人驾驶这个思维概念，但是它不一定就是无人驾驶。我跟何庭波在欧洲讲这个事的时候，何庭波发明了一个名词‘沿途下蛋’。无人驾驶就是爬珠峰，在爬山过程中，有人可以半路去放羊，有人可以半路去挖矿，有人可以半路去滑雪……把孵化的技术应用到各个领域中，这就是‘沿途下蛋’。”

“沿途下蛋”的概念最初是何庭波提出来的，主要是说一个企业在攀登高峰、追求理想主义目标的时候，没有必要将所有技术和精力专注在那个目标上，完全可以依据沿途的客观情况，借助孵化出来的技术做一些现实主义的产品，确保这些产品可以占领更大的市场，创造更多的价值。

“沿途下蛋”实际上体现出华为创新文化的一个重要方向和基本形式，也体现出华为在追求技术商业化方面所做出的调整和努力。按照任正非的说法，华为的创新文化必须是灵活的，是符合现实需求的，必须能够创造现实价值，能够和商业化有机结合起来。所有的创新人员、技术创造者应该放大胸怀，要注重技术的产业化，将相关技术辐射运用到具有应用前景的产业经济中来，并且引导技术的继续发展和完善，最终形成一个阶梯状的、波浪形的具备互动和循环特点的研发体系。

在过去很长一段时间内，很多企业都存在着巨大的技术浪费和成本消耗，主要原因就在于对技术应用的狭隘理解，整个企业只专注于某一个远大目标，却忽略了在追求这个远大目标的过程中完全可以制定其他的小目标，可以完成一些小的任务。

比如，在谈到“农村包围城市”的战略时，任正非否定了这一说，他说最初的目标就是进军大城市，就是为了在大城市里站稳脚跟，但是由于自己的技术不过关，产品达不到标准，竞争力太弱，公司根本没有能力进军大市场，只能不情愿地从农村市场开始发展实力。按照任正非的说法，如果华为一开始就将农村作为战略目标，那么华为同样无法开拓大市场。因为当华为真正征服所有的农村市场时，可能已经跟不上时代发展的脚步了，所以为了避免被淘汰出局，最好的方式就是在向大城市进军的道路上沿途做一些能够被接受的产品，谁需要、谁想买，华为就卖给谁。华为在从农村向城市过渡的过程中，在沿途不断利用现有的技术创收，将不断发展的技术应用到更多的领域中去。

正如任正非所说的那样，整个通信领域是发展难度最大的产业。在发展过程中，任正非虽然强调要发展高精尖技术，但是并没有想着等到自己的技术提升到顶尖的地步才去实现目标，而是一边发展技术，一边想办法应用到工程项目当中，拓展技术的应用范畴，提升技术的变现速率。

简单来说，"沿途下蛋"的文化就是阶段性成果的应用，就是技术发展过程中的推广和拓展。比如，人工智能就是一个非常高深的学问，虽然如今有很多人工智能的产品出现，但实际上人工智能时代并没有到来，未来仍旧有巨大的发展潜力，很多人都认为这是一个拥有万亿美元的巨大市场。和其他公司一样，华为也对人工智能时代充满期待，也期待着可以运用自己的技术实现更远大的商业目标。但是在实现这些商业目标的过程中，可以将那些不断完善的人工智能技术运用到各个方面，如运用到手机的识别系统，运用到构建小范围内的物联网当中，运用到通信设备的检修当中，运用到基站的站点规划上等。对于华为来说，人工智能技术的发展本身就存在多种可能，华为没有必要浪费这些不断进化的技术，没有必要忽视它在其他领域的应用价值。

为了让这个策略更好地实施下去，最常用的一种方式就是制定不同阶段的目标，通过设立更多的阶段性目标来验证技术的成长，丰富技术的使用范围，强化技术使用的功效。在过去一段时间，任正非已经重视到这个问题，并且想办法提升技术的使用效率，强化工程研发的力度，争取让华为公司的技术与市场需求更加紧密地结合起来。

需要注意的是，“沿途下蛋”的说法是华为在强化技术创新的大背景下提出来的。尤其是人工智能产品的不断推出及华为对万物互联的物联网的憧憬，在这个大背景下，华为难能可贵地选择了这样的策略，实际上就是提醒华为人一定要注意对技术进行深度开发，而不是简单地对标某个产品或者项目，或者达到某种状态。随着华为的发展，相关的技术渐渐模糊了界限，技术应用的精细化、多元化、商业化开始催生出更多的产业盈利点，甚至形成一个相对完整的价值链，这对于华为的发展会产生更多积极的效用。

后记：
未来的华为将会有什么样的文化变革

尽管许多人都在谈论华为的企业文化及其成功，但华为文化始终都是不断变化和丰富的，它不可能一成不变，比如，从狼性文化转化为奋斗文化，这就是一种变化；从技术导向变成市场导向也是一种变化；从片面追求技术的工程研究，到强调基础理论研究，这同样是一种变化。这些年，很多华为人又开始思考华为文化未来的变革方向究竟在哪里，有的人认为华为应该继续走工业文化的发展道路，继续用工业文化来组装和支配内部的管理，但是从最近几年或者说最近10年的发展历程来看，工业文化显然已经与时代脱节了，已经明显无法适应华为的发展需求了。

工业文化实际上和军事管理文化有些类似，它们都讲究效率、纪律、绩效、数字化，整个团队文化支撑起来的管理结构和金字塔比较相似。在工业文化的影响下，企业往往会变成一个类似于军事组织的机构。在华为发展的前20年，这种工业文化为它的发展提供了巨大的帮助，但是在面对IT时代的业务发展时，工业文化会成为一个硬伤。

像谷歌公司这一类企业如今早已经运用新的文化进行管理，据说谷歌公司的员工可以带着宠物一起上班，所以人们在谷歌公司的办公室里见到宠物狗、宠物猪、鹦鹉、蜥蜴、猴子之类的东西也就不足为奇了。谷歌文化的一个重要特征就是自由开放，它属于互联网文化的一个重要组成部分，而互联文化是伴随着互联网业务兴起的一种更能顺应时代发展潮流的新型文化和管理模式。所谓的互联网文化实际上代表了自由、反秩序、挑战规则、非连续性、多变动性、火花式的、非线性的、个人至上的、扁平化结构的一些企业文化特性。

对于华为来说，不仅仅要拥抱互联网时代，更要拥抱互联网文化，但华为并不是一家互联网公司，因此华为的文化更应该建立在工业文化和互联网文化的基础上，将两种文化结合起来，然后打造属于自己的创新文化。最常见的一点就是用人机制及这些用人机制背后的文化现象。比如，华为非常重视人才，而且重视那些学院派的人才，重视那些标准社会机制下的人才。他们必须拥有更好的学历，必须拥有标准的业务知识和认知模式，必须按照标准的行为模式采取行动，而这些恰恰是工业文化的一种极端体现。但这种文化对于一些另类的人才是不够包容的，尽管任正非过去一直都在强调拥抱更多的“歪瓜裂枣”，但是在具体落实的时候，华为的表现不够到位。在人才招聘方面，华为并没有脱离那种传统的思维模式，海归派、学院派、高尖端人才仍旧是华为的首选。

只不过在很多时候，华为也在试图做出调整，其用人文化的一个基本特征就是将工业的组织躯干与组织的神经末梢结合在一起。组织躯干更多的是建立在标准的工业文化和制度标准上，而华为的神经末梢比较自由，一线员工拥有自己的决定权，他们不需要每时每事都征求上级同意。上级要鼓励下级表现得更活跃，需要下级表现出更强大的自主行动能力。这种模式使得华为在管理方面尤其是人才管理方面拥有更大的灵活性，也满足了内部权力流动的需求。

但是华为身上的工业文化的影子还比较明显，工业文化的氛围还比较浓厚，这不是短时间内可以消除和改变的，最简单的做法就是将工业文化和互联网文化做一个结合，这种结合是柔和的、缓慢的，不能过于强烈和急促，否则容易对整个公司的文化体系造成破坏性的冲击。需要注意的是，任何一种文化的打造基本上都是建立在假设的基础上的，通过各种有效的假设，然后在实践中进行验证，才能知道文化的作用和价值。因此文化的使用实质上就是一种假设下的创新，企业并不清楚文化能在管理和运营中产生多少价值，一切都需要假设和验证。只有经过验证，才能证明自己最初的假设是否有效，才能证明最初的文化设想是否值得推广，这就是一个企业战略能力的体现。而目前的华为已经做出了假设，并且在很多方面开始进行实践和验证，目前来说工业文化与互联网文化的交融效果还不错，但这是否就表明华为一定适合新的文化体系呢？也许华为还需要进一步进行验证，还需要在这种尝试的基础上继续进行改进。

此外，任正非曾经在内部会议上提出了一个问题：尽管现在的华为获得了不菲的成就，甚至成长为行业的领头羊，就连内部的人力资源管理、财务管理、组织构成、股份制度、营销模式也成了业内的一种标杆，可是华为还能够将这种状态持续多久呢？60年之后，华为会不会还存在于这个世界上，或者100年后的华为还有没有资格站在世界500强的队伍中？这些问题才是他真正关心的，而这些问题本身就需要华为继续自己的文化变革，需要华为将那些好的文化基因传承及壮大下去。很显然，华为有必要打造一个更加合理的企业文化体系。